AF453017

LE NOMENCLATEUR.

LE
NOMENCLATEUR

CALENDRIER, CALCUL, GÉOGRAPHIE, CHRONOLOGIE, HISTOIRE,

A L'USAGE DES

ÉLÈVES DE LA PENSION DELAFOSSE,

A SURESNES,

Près Paris.

SAINT-CLOUD,

IMPRIMERIE DE Mᵐᵉ Vᵉ BELIN.

1859.

LE NOMENCLATEUR.

N. B. — Le Nomenclateur ne contient que des listes destinées à être apprises littéralement; les explications nécessaires sont données en classe.

LE
NOMENCLATEUR

Calendrier, Calcul, Géographie, Chronologie, Histoire.

ORDRE

DANS LEQUEL IL CONVIENT D'ÉTUDIER LE NOMENCLATEUR.

I. — Connaissances du 1er degré.

PREMIÈRE PARTIE.

Calendrier.

§ I. Les divisions du temps.
§ II. Les jours de la semaine.
§ III. Les douze mois de l'année.
§ IV. Les quatre saisons.

DEUXIÈME PARTIE.

Calcul.

§ I. Noms de nombre.
§ II. Chiffres.
§ III. Tableau de la numération.
§ IV. Table de Pythagore.

DIXIÈME PARTIE.

Histoire de France.

§ I. Les rois de France.

—

II. — Connaissances du 2ᵉ degré.

—

PREMIÈRE PARTIE.

Calendrier.

§ V. Les fêtes mobiles.
§ VI. Les fêtes fixes.

—

TROISIÈME PARTIE.

Géographie.

§ IV. Les 15 mers de l'Europe.
§ V. Les 16 détroits principaux de l'Europe.
§ VI. Les 10 golfes principaux de l'Europe.
§ VII. Les 61 îles ou groupes d'îles de l'Europe.
§ VIII. Les 6 presqu'îles de l'Europe.
§ IX. Les 2 isthmes principaux de l'Europe.
§ X. Les 11 caps principaux de l'Europe.
§ XI. Les 18 chaînes principales de montagnes de l'Europe.
§ XII. Les 3 volcans principaux de l'Europe.
§ XIII. Les 23 principaux lacs de l'Europe.
§ XIV. Les 36 principaux fleuves de l'Europe.
§ XIX. Les départements de France avec les préfectures.

CINQUIÈME PARTIE.

Histoire sainte.

—

SEPTIÈME PARTIE.

Histoire ancienne.

—

HUITIÈME PARTIE.

Histoire ecclésiastique.

—

NEUVIÈME PARTIE.

Histoire moderne.

—

DIXIÈME PARTIE.

Histoire de France.

III. — Connaissances du 3ᵉ degré.

—

DEUXIÈME PARTIE.

Calcul.

—

TROISIÈME PARTIE.

Géographie.

—

CINQUIÈME PARTIE.

Histoire sainte.

—

SIXIÈME PARTIE.

Mythologie.

SEPTIÈME PARTIE.

Histoire ancienne.

§ I. Rois de Ninive.
§ II. Second empire assyrien.
§ III. Rois de Médie.

—

HUITIÈME PARTIE.

Histoire ecclésiastique.

§ VII. Les 19 conciles œcuméniques.

—

NEUVIÈME PARTIE.

Histoire moderne.

§ II. Les empereurs romains d'Orient.
§ III. Empire romain d'Occident.
§ IV. Rois de Jérusalem.

—

DIXIÈME PARTIE.

Histoire de France.

§ II. Les reines de France les plus célèbres.
§ IV. Traités célèbres de l'histoire de France.
§ V. Les sept croisades.
§ VIII. Guerres étrangères fameuses.
§ IX. Troubles et guerres civiles.
§ X. Rois de France captifs.
§ XI. Morts violentes de rois de France.
§ XV. Hommes illustres du siècle de Louis XIV.

IV. — Connaissances du 4ᵉ degré.

—

DEUXIÈME PARTIE.

Calcul.

—

TROISIÈME PARTIE.

Géographie.

—

CINQUIÈME PARTIE.

Histoire sainte.

—

SIXIÈME PARTIE.

Mythologie.

SEPTIÈME PARTIE.

Histoire ancienne.

—

HUITIÈME PARTIE.

Histoire ecclésiastique.

—

NEUVIÈME PARTIE.

Histoire moderne.

—

DIXIÈME PARTIE.

Histoire de France.

§ XIII. Ordres de chevalerie.
§ XIV. Réunion des provinces et des fiefs au domaine
     royal.

—

ONZIÈME PARTIE.

Les principales origines.

—

N. B. — Pour l'étude de la Chronologie (quatrième partie,
§§ I, II, III, IV), il faut suivre les règles indiquées
dans la deuxième partie des *Coutumes de la pension
Delafosse.*

LE NOMENCLATEUR.

PREMIÈRE PARTIE.

Le Calendrier.

—

§ Ier.

Les divisions du temps.

1 Siècle vaut	100 ans.
1 An	12 mois.
	52 semaines.
	365 jours.
	Tous les quatre ans, année bissextile, 366 jours.
1 Mois	30 ou 31 jours.
1 Semaine	7 jours.
1 Jour	24 heures.
1 Heure	60 minutes.
1 Minute	60 secondes.

§ II.

Les 7 jours de la semaine.

1. Lundi.
2. Mardi.
3. Mercredi.
4. Jeudi.
5. Vendredi.
6. Samedi.
7. Dimanche.

§ III.

Les 12 mois de l'année.

1. Janvier.	31	jours.
2. Février.	28	—
— (années bissextiles).	29	—
3. Mars.	31	—
4. Avril.	30	—
5. Mai.	31	—

6. Juin.   30 jours.
7. Juillet.   31 —
8. Août.   31 —
9. Septembre.   30 —
10. Octobre.   31 —
11. Novembre.   30 —
12. Décembre.   31 —

> Trente jours a novembre,
> Juin, avril et septembre;
> De vingt-huit il en est un;
> Tous les autres ont trente-un.

§ IV.

Les 4 saisons.

1. Printemps.	{ Mars (vers le 21). Avril. Mai.
2. Été.	{ Juin (vers le 21). Juillet. Août.
3. Automne.	{ Septembre (vers le 21). Octobre. Novembre.
4. Hiver.	{ Décembre (vers le 21). Janvier. Février.

§ V.

Les fêtes mobiles.

Pâques, — entre le 21 mars et le 26 avril.
La *Septuagésime,* — 63ᵉ jour avant Pâques.
La *Quinquagésime* (dimanche gras), — 49ᵉ jour avant Pâques.
Les *Cendres,* — mercredi suivant.
Les *Rameaux* — (dimanche), 7ᵉ jour avant Pâques.
 La Semaine sainte suit.
Quasimodo, — le dimanche qui suit Pâques.
Les *Rogations,* — les 3 jours qui précèdent l'Ascension.
L'Ascension, — le jeudi, 40ᵉ jour à compter de Pâques.
La *Pentecôte,* — 50 jours après Pâques, 10 jours après l'Ascension.
La *Trinité,* — le dimanche suivant, ou le 8ᵉ après Pâques.
La *Fête-Dieu* — est le jeudi d'après.

Les *Quatre-Temps* après le mercredi qui suit { 1° les Cendres.
2° la Pentecôte.
3° le 14 septembre.
4° le 13 décembre.

§ VI.

Les fêtes fixes.

La Circoncision,	le 1er janvier.
L'Épiphanie ou les Rois,	6 janvier.
La Purification ou Chandeleur,	2 février.
L'Annonciation,	25 mars.
La Saint-Jean d'été,	24 juin.
La Saint-Pierre et Saint-Paul,	29 juin.
L'Assomption,	15 août.
La Nativité de la sainte Vierge,	8 septembre.
La Toussaint,	1er novembre.
L'Immaculée Conception,	8 décembre.
Noël,	25 décembre.

DEUXIÈME PARTIE.

Le Calcul.

—

§ Ier.

Noms de nombre.

Un.
Deux.
Trois.
Quatre.
Cinq.
Six.
Sept.
Huit.
Neuf.
Dix.

—

Onze.
Douze.
Treize.
Quatorze.
Quinze.
Seize.
Dix-sept.
Dix-huit.
Dix-neuf.
Vingt.

—

Vingt-un.
Vingt-deux.
Vingt-trois.
Vingt-quatre.
Vingt-cinq.
Vingt-six.
Vingt-sept.
Vingt-huit.
Vingt-neuf.
Trente.

—

Trente-un.
Trente-deux.
Trente-trois.
Trente-quatre.

Trente-cinq.
Trente-six.
Trente-sept.
Trente-huit.
Trente-neuf.
Quarante.

—

Quarante-un.
Quarante-deux.
Quarante-trois.
Quarante-quatre.
Quarante-cinq.
Quarante-six.
Quarante-sept.
Quarante-huit.
Quarante-neuf.
Cinquante.

—

Cinquante-un.
Cinquante-deux.
Cinquante-trois.
Cinquante-quatre.
Cinquante-cinq.
Cinquante-six.
Cinquante-sept.
Cinquante-huit.
Cinquante-neuf.
Soixante.

—

Soixante-un.
Soixante-deux.
Soixante-trois.
Soixante-quatre.
Soixante-cinq.
Soixante-six.
Soixante-sept.
Soixante-huit.

Soixante-neuf.
Soixante-dix.

—

Soixante-onze.
Soixante-douze.
Soixante-treize.
Soixante-quatorze.
Soixante-quinze.
Soixante-seize.
Soixante-dix-sept.
Soixante-dix-huit.
Soixante-dix-neuf.
Quatre-vingts.

—

Quatre-vingt-un.
Quatre-vingt-deux.
Quatre-vingt-trois.
Quatre-vingt-quatre.
Quatre-vingt-cinq.
Quatre-vingt-six.
Quatre-vingt-sept.
Quatre-vingt-huit.
Quatre-vingt-neuf.
Quatre-vingt-dix.

Quatre-vingt-onze.
Quatre-vingt-douze.
Quatre-vingt-treize.
Quatre-vingt-quatorze.
Quatre-vingt-quinze.
Quatre-vingt-seize.
Quatre-vingt-dix-sept.
Quatre-vingt-dix-huit.
Quatre-vingt-dix-neuf.
Cent.

—

Au-dessus de cent, on dit :

Cent un.	Cent cinq.	Cent neuf.
Cent deux.	Cent six.	Cent dix.
Cent trois.	Cent sept.	Cent onze.
Cent quatre.	Cent huit.	Cent douze.

Et ainsi de suite, en mettant le mot cent avant chacun des noms des quatre-vingt-dix-neuf premiers nombres que l'on connaît déjà. On compte ainsi jusqu'à cent quatre-vingt-dix-neuf ; le nombre suivant se nomme :

Deux cents.

—

Deux cent un.
Deux cent deux.
Deux cent trois.
. . . .
Deux cent quatre-vingt-dix-neuf.
Trois cents.

—

Trois cent un.
. . . .
Trois cent quatre-vingt-dix-neuf.
Quatre cents.

—

Quatre cent un.
. . . .
Quatre cent quatre-vingt-dix-neuf.
Cinq cents.

—

Cinq cent un.
. . . .
Cinq cent quatre-vingt-dix-neuf.

Six cents.

—

Six cent un.
. . . .
Six cent quatre-vingt-dix-neuf.
Sept cents.

—

Sept cent un.
. . . .
Sept cent quatre-vingt-dix-neuf.
Huit cents.

—

Huit cent un.
. . . .
Huit cent quatre-vingt-dix-neuf.
Neuf cents.

—

Neuf cent un.
. . . .
Neuf cent quatre-vingt-dix-neuf.
Mille.

—

§ 11.

Chiffres.

1,	2,	3,	4,	5,	6,	7,	8,	9,	0.
un,	deux,	trois,	quatre,	cinq,	six,	sept,	huit,	neuf,	zéro.

§ III.

Tableau de la numération.

ETC.	SENTILLIONS.			QUINTILLIONS.			QUATRILLIONS.			TRILLIONS.			BILLIONS.			MILLIONS.			MILLE.			UNITÉS.		
	Centaines.	Dizaines.	Unités.	Centaines.	Dizaines.	Unités.	Centaines.	Dizaines.	Unités.	Centaines.	Dizaines.	Unités.	Centaines.	Dizaines.	Unités.	Centaines.	Dizaines.	Unités.	Centaines.	Dizaines.	Unités.	Centaines.	Dizaines.	Unités.

§ IV.

Table de Pythagore.

1	2	3	4	5	6	7	8	9	10	11	12
2	4	6	8	10	12	14	16	18	20	22	24
3	6	9	12	15	18	21	24	27	30	33	36
4	8	12	16	20	24	28	32	36	40	44	48
5	10	15	20	25	30	35	40	45	50	55	60
6	12	18	24	30	36	42	48	54	60	66	72
7	14	21	28	35	42	49	56	63	70	77	84
8	16	24	32	40	48	56	64	72	80	88	96
9	18	27	36	45	54	63	72	81	90	99	108
10	20	30	40	50	60	70	80	90	100	110	120
11	22	33	44	55	66	77	88	99	110	121	132
12	24	36	48	60	72	84	96	108	120	132	144

§ V.

Tableau des mesures métriques.

MULTIPLES DÉCUPLES DES UNITÉS.				UNITÉS SIMPLES.	SOUS-MULTIPLES SOUS-DÉCUPLES DES UNITÉS.		
Myria, 10,000.	Kilo, 1,000.	Hecto, 100.	Déca, 10.		Déci, $\frac{1}{10}$.	Centi, $\frac{1}{100}$.	Milli, $\frac{1}{1000}$
Myriam.	Kilom.	»	»	MÈTRE.	Décim.	Centim.	Millim.
»	»	Hectare.	»	ARE.	»	Centiare	»
»	»	Hectol.	»	LITRE.	Décilit.	Centilit.	»
»	»	»	Décast.	STÈRE.	Décist.	»	»
»	Kilogr.	»	»	GRAMME.	Décigr.	Centigr.	Milligr.
»	»	»	»	FRANC.	Décime.	Centime	»

Unité linéaire : MÈTRE. — Dix millionième partie du quart du méridien terrestre; c'est-à-dire de la distance du pôle à l'équateur.

Unité de superficie : ARE. — Carré de dix mètres de côté.

Unité de capacité pour les liquides : LITRE. — Cube dont le côté est la dixième partie du mètre.

Unité de volume pour les bois : STÈRE. — Mètre cube.

Unité de poids : GRAMME. — Cube d'eau, à son *maximum* de densité, dont le côté est un centimètre.

Unité monétaire : FRANC. — Pièce d'argent dont le poids est de 5 grammes.

§ VI.

Principales mesures françaises anciennes.

Unité linéaire : TOISE = 6 pieds.

1 pied = 12 pouces.

1 pouce = 12 lignes.

1 ligne = 12 points.

Unité de superficie : ARPENT = 100 perches.

1 perche (de Paris) = carré de 18 pieds de côté.

Unité de capacité pour les liquides : Litron, — boisseau, — muid, — setier, — mine, — minot, — feuillette, — quartaut, — velte, pinte, — etc.

Unité de volume pour les bois : CORDE = 8 pieds de long, 4 pieds de haut, 3 pieds 6 pouces de large.

Unité de poids : LIVRE = 2 marcs.

1 marc = 8 onces.

1 once = 8 gros.

1 gros = 3 scrupules.

Unité monétaire : LIVRE = 20 sous.

1 sou = 12 deniers.

TROISIÈME PARTIE.

Géographie.

---

§ Ier.

Les 4 points cardinaux.

1. Le Levant : — Orient. — Est.
2. Le Couchant : — Occident. — Ouest.
3. Le Nord : — Septentrion.
4. Le Midi : — Sud.

§ II.

Les 5 parties du monde.

1. L'Europe.
2. L'Asie.
3. L'Afrique.
4. L'Amérique.
5. L'Océanie.

§ III.

Les 16 contrées principales de l'Europe.

4 AU NORD.

1. Les Iles Britanniques.	Londres.
2. Le Danemarck.	Copenhague.
3. La Suède.	Stockholm.
4. La Russie.	Saint-Pétersbourg.

7 AU CENTRE.

5. La France.	Paris.
6. La Belgique.	Bruxelles.
7. La Hollande.	La Haye.
8. La Suisse.	Berne.
9. L'Autriche.	Vienne.
10. La Prusse.	Berlin.
11. Les États secondaires d'Allemagne.	Francfort-sur-le-Mein.

5 AU SUD.

12. Le Portugal. Lisbonne.
13. L'Espagne. Madrid.
14. L'Italie. Rome.
15. La Turquie. Constantinople.
16. La Grèce. Athènes.

§ IV.

Les 15 mers de l'Europe.

3 GRANDES EN FORMANT 12 PETITES.

Au Nord. — 1. L'océan Glacial.

A l'Ouest. — 2. L'océan Atlantique.
4. La mer Blanche.
5. La mer Baltique.
6. La mer du Nord.
7. La Manche.
8. La mer d'Irlande.

Au Sud. — 3. La mer Méditerranée.
9. La mer Adriatique.
10. La mer Ionienne.
11. L'Archipel.
12. La mer de Marmara.
13. La mer Noire.
14. La mer d'Azow.
15. La mer Caspienne.

§ V.

Les 16 détroits principaux de l'Europe.

9 AU NORD.

1. De Vaigatz, au nord de la Russie.
2. Le Skager-Rack,
3. Le Cattégat,
4. Le Sund, entre la mer Baltique et la mer du Nord.
5. Le Grand-Belt,
6. Le Petit-Belt,
7. Le Pas-de-Calais, entre l'Angleterre et la France.
8. Le canal du Nord, entre la mer d'Irlande et l'océan Atlan-
9. Le canal de St-Georges, tique.

7 AU SUD.

10. De Gibraltar, entre l'Espagne et l'Afrique.
11. De Bonifacio, entre la Corse et la Sardaigne.
12. De Messine, au sud de l'Italie.
13. Le canal d'Otrante, entre la m. Ionienne et la m. Adriatique.
14. Des Dardanelles, entre l'Archipel et la mer de Marmara.
15. De Constantinople, entre la mer de Marmara et la mer Noire.
16. D'Iénikalé, entre la mer Noire et la mer d'Azow.

§ VI.

Les 10 golfes principaux de l'Europe.

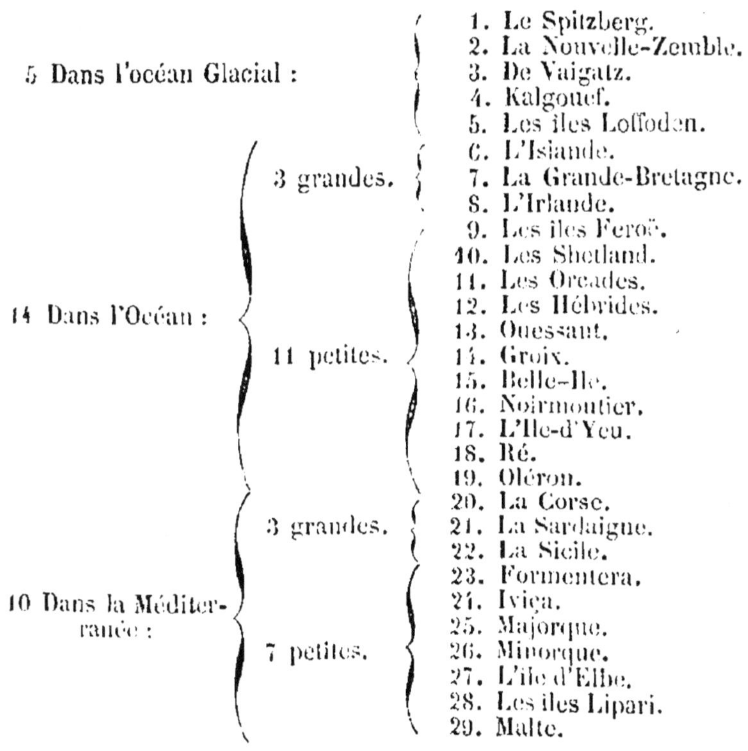

1. De Bothnie,
2. De Finlande,
3. De Livonie,   } dans la Baltique.
4. Le Zuiderzée,   dans la mer du Nord.
5. De Gascogne,   dans l'océan Atlantique.
6. Du Lion,
7. De Gênes,   } dans la Méditerranée.
8. De Tarente,
9. De Lépante,   } dans la mer Ionienne.
10. De Salonique,   dans l'Archipel.

§ VII.

Les 61 îles ou groupes d'îles principaux de l'Europe.

5 Dans l'océan Glacial :
  1. Le Spitzberg.
  2. La Nouvelle-Zemble.
  3. De Vaigatz.
  4. Kalgouef.
  5. Les îles Loffoden.

14 Dans l'Océan :
  3 grandes.
  6. L'Islande.
  7. La Grande-Bretagne.
  8. L'Irlande.
  11 petites.
  9. Les îles Feroë.
  10. Les Shetland.
  11. Les Orcades.
  12. Les Hébrides.
  13. Ouessant.
  14. Groix.
  15. Belle-Ile.
  16. Noirmoutier.
  17. L'Ile-d'Yeu.
  18. Ré.
  19. Oléron.

10 Dans la Méditerranée :
  3 grandes.
  20. La Corse.
  21. La Sardaigne.
  22. La Sicile.
  7 petites.
  23. Formentera.
  24. Iviça.
  25. Majorque.
  26. Minorque.
  27. L'île d'Elbe.
  28. Les îles Lipari.
  29. Malte.

11 Dans la mer Baltique :	30. Aland.
	31. Dago.
	32. OEsel.
	33. Gothland.
	34. Oland.
	35. Bornholm.
	36. Rugen.
	37. Falster.
	38. Laland.
	39. Séeland.
	40. Fionie.
3 Dans la mer du Nord :	41. Sylt.
	42. Helgoland.
	43. Le Texel.
3 Dans la Manche :	44. Wight.
	45. Guernesey.
	46. Jersey.
2 Dans la mer d'Irlande :	47. Man.
	48. Anglesey.
1 Dans la mer Adriatique :	49. Les îles Illyriennes.
6 Dans la mer Ionienne :	50. Corfou.
	51. Paxo.
	52. Sainte-Maure.
	53. Théaki.
	54. Céphalonie.
	55. Zante.
6 Dans l'Archipel :	56. Lemnos.
	57. Skiro.
	58. Eubée ou Négrepont.
	59. Les Cyclades.
	60. Cérigo.
	61. Candie.

§ VIII.

Les 6 presqu'îles principales de l'Europe.

3 GRANDES.	3 PETITES.
1. La Suède avec la Laponie russe.	4. Le Jutland, en Danemarck.
2. L'Espagne avec le Portugal.	5. La Morée, en Grèce.
3. L'Italie.	6. La Crimée, en Russie.

§ IX.

Les 2 isthmes principaux d'Europe.

1. L'isthme de Corinthe,	joint la Morée au continent.
2. L'isthme de Pérékop,	joint la Crimée à la Russie.

§ X.

Les 11 caps principaux de l'Europe.

1. Nord-Kyn,   au nord de la Suède.
2. Mizen,   au sud-ouest de l'Irlande.
3. Land's-End,   au sud-ouest de la Grande-Bretagne.
4. Finistère,   à l'ouest de l'Espagne.
5. Saint-Vincent,   au sud-ouest du Portugal.
6. Trafalgar,   au sud de l'Espagne.
7. Corse,   au nord de la Corse.
8. Teulada,   au sud de la Sardaigne.
9. Passaro,   au sud de la Sicile.
10. Spartivento,   au sud de l'Italie.
11. Matapan,   au sud de la Morée.

§ XI.

Les 18 chaines principales de montagnes de l'Europe.

9 GRANDES.

1. Les monts Kiœlen ou Scandinaves,   entre la Suède et la Norwége.
2. Les monts Oural,   entre l'Europe et l'Asie.
3. Le Caucase,   entre la mer Noire et la mer Caspienne.
4. Les monts Balkan,   en Turquie.
5. Les monts Karpaths,   en Autriche.
6. Les Alpes,   entre l'Italie, la France, la Suisse et l'Allemagne.
7. Les Apennins,   en Italie.
8. Les Pyrénées,   entre la France et l'Espagne.
9. Les monts Ibériens,   en Espagne.

9 PETITES.

10. Les Vosges,
11. Les Cévennes,   } en France.
12. Les monts d'Auvergne,
13. Le Jura,   entre la France et la Suisse.
14. Les monts Cantabres,
15. La Sierra d'Estrella,
16. La Sierra d'Ossa,   } en Espagne.
17. La Sierra Moréna,
18. La Sierra Névada,

§ XII.

Les 3 volcans principaux de l'Europe.

1. Le mont Hécla,   en Islande.
2. Le mont Vésuve,   près de Naples, en Italie.
3. Le mont Etna,   en Sicile.

§ XIII.

Les 23 principaux lacs de l'Europe.

9 AU NORD.

1. Wéner,
2. Wéter,   } en Suède.
3. Mélar,
4. Saïma,
5. Ladoga,
6. Onéga,
7. Biélo,   } en Russie.
8. Ilmen,
9. Péipous,

7 AU CENTRE.

10. De Neufchâtel,
11. De Genève,   } en Suisse.
12. De Lucerne,
13. De Zurich,
14. De Constance,   entre la Suisse et l'Allemagne.
15. De Neusiedel,   } en Autriche.
16. Balaton,

7 AU SUD.

17. Majeur,
18. De Côme,
19. De Garde,
20. De Pérouse,   } en Italie.
21. De Bolséna,
22. De Céiano,
23. De Zante,   en Turquie.

§ XIV.

Les 36 principaux fleuves de l'Europe.

| Qui se jette dans la mer Blanche. | 1. La Dvina. |

— dans la mer Baltique :
2. La Tornéa.
3. La Néva.
4. La Duna.
5. Le Niémen.
6. La Vistule.
7. L'Oder.

6 Qui se jettent dans la mer du Nord :
  8. L'Elbe.
  9. Le Wéser.
  10. Le Rhin.
  11. La Meuse.
  12. L'Escaut.
  13. La Tamise.

1 — dans la Manche :
  14. La Seine.
  15. Le Shannon.

10 — dans l'Océan :
  16. La Severn.
  17. La Loire.
  18. La Garonne.
  19. L'Adour.
  20. Le Minho.
  21. Le Douro.
  22. Le Tage.
  23. La Guadiana.
  24. Le Guadalquivir.

4 — dans la Méditerranée :
  25. L'Ebre.
  26. Le Rhône.
  27. L'Arno.
  28. Le Tibre.

2 — dans la mer Adriatique :
  29. Le Pô.
  30. L'Adige.

3 — dans la mer Noire :
  31. Le Danube.
  32. Le Dniester.
  33. Le Dniéper.

1 — dans la mer d'Azow :
  34. Le Don.

2 — dans la mer Caspienne :
  35. Le Volga.
  36. L'Oural.

§ XV.

Les 22 cantons suisses,

D'APRÈS LE RANG QU'ILS OCCUPENT DANS LA CONFÉDÉRATION.

1. Zurich.	Zurich.
2. Berne.	Berne.
3. Lucerne.	Lucerne.
4. Uri.	Altorf.
5. Schwitz.	Schwitz.
6. Unterwald.	Sarnen-Stanz.
7. Glaris.	Glaris.
8. Zug.	Zug.
9. Fribourg.	Fribourg.
10. Soleure.	Soleure.
11. Bâle.	Bâle.
12. Schaffouse.	Schaffouse.
13. Appenzel.	Appenzel, Hérisau, Trogen.

14. Saint-Gall.	Saint-Gall.
15. Grisons.	Coire, Ilanz, Davos.
16. Argovie.	Aarau.
17. Thurgovie.	Frauenfeld.
18. Tessin.	Bellinzona, Lugano, Locarno.
19. Vaud.	Lausanne.
20. Valais.	Sion.
21. Neufchâtel.	Neufchâtel.
22. Genève.	Genève.

§ XVI.

Anciennes divisions de la France.

Au moment de la révolution de 1789, la France était divisée en 39 *gouvernements* militaires des provinces, 32 *grands* et 7 *petits*, chaque grand *gouvernement* comprenant un certain nombre de provinces et de pays.

LES 32 GRANDS GOUVERNEMENTS.

RÉGION DU NORD.

1. FLANDRE. — Lille.
2. PICARDIE et ARTOIS.—Amiens.
3. NORMANDIE. — Rouen.
4. ILE-DE-FRANCE. — Soissons.
5. CHAMPAGNE. — Troyes.

RÉGION DU NORD-EST.

6. LORRAINE et BAR. — Nancy.
7. ALSACE. — Strasbourg.

RÉGION DE L'EST.

8. FRANCHE-COMTÉ. —Besançon.
9. BOURGOGNE. — Dijon.

RÉGION DU SUD-EST.

10. LYONNAIS. — Lyon.
11. DAUPHINÉ. —Grenoble.
12. PROVENCE. — Aix.
13. CORSE. — Bastia.

RÉGION DU SUD.

14. LANGUEDOC. — Toulouse.
15. ROUSSILLON. — Perpignan.

16. COMTÉ DE FOIX. — Foix.

RÉGION DU SUD-OUEST.

17. GUYENNE et GASCOGNE.—Bordeaux.
18. NAVARRE et BÉARN. — Pau.

RÉGION DE L'OUEST.

19. BRETAGNE. — Rennes.
20. MAINE. — Le Mans.
21. ANJOU et SAUMUROIS.—Angers.
22. POITOU.—Poitiers.
23. AUNIS. — La Rochelle.
24. SAINTONGE et ANGOUMOIS. — Saintes.

RÉGION DU CENTRE.

25. TOURAINE. — Tours.
26. ORLÉANAIS. — Orléans.
27. NIVERNAIS. — Nevers.
28. BERRY. — Bourges.
29. BOURBONNAIS. — Moulins.
30. AUVERGNE. — Clermont.
31. LIMOUSIN. — Limoges.
32. MARCHE. —Guéret.

LES 7 PETITS GOUVERNEMENTS.

1. DUNKERQUE.
2. BOULOGNE.
3. LE HAVRE.
4. PARIS.

5. METZ et VERDUN.
6. TOUL.
7. SAUMUR.

§ XVII.

Les gouvernements *avec les* provinces *et les* pays *qu'ils comprenaient.*

RÉGION DU NORD,

Gouvernements.	Provinces et pays.		Départements.
1. FLANDRE.	La Flandre flamande ou flamingante.	Dunkerque.	Nord.
	La Flandre vallonne ou française.	Lille.	
	Le Hainaut français.	Valenciennes.	
	Le Cambrésis.	Cambrai.	
2. PICARDIE.	L'Artois. { L'Artois vallon.	Arras.	Pas-de-Calais.
	L'Artois flamingant.	St-Omer, Aire, Béthune.	
	La Picardie. { Le Vermandois.	St-Quentin.	Nord de l'Aisne.
	La Thiérache.	La Fère.	
	L'Amiénois.	Amiens.	Somme.
	Le Santerre.	Péronne.	
	Le Ponthieu.	Abbeville.	
	Le Vimeux.	St-Valery.	
	Le Boulonnais.	Boulogne.	Pas-de-Calais.
	Le Pays reconquis.	Calais.	
3. NORMANDIE.	Le Pays de Caux.	Dieppe.	Seine-Infér.
	Le Pays de Bray.	Neufchâtel.	
	Le Pays d'Ouche.	Evreux.	Eure.
	Le Vexin normand.	Gisors.	
	Le Lieuvin.	Lisieux.	Calvados.
	Le Pays ou Vallée d'Auge.	Pont-l'Evêque.	
	Le Bessin.	Bayeux.	
	Le Bocage.	Vire.	
	Le Cotentin.	Coutances.	Manche.
	L'Avranchin.	Avranches.	
	Le Pays d'Houlme.	Domfront.	Orne.
	Les Marches.	Argentan.	
4. L'ILE-DE-FRANCE.	Le Laonnais.	Laon.	Aisne.
	Le Soissonnais.	Soissons.	
	Le Beauvaisis.	Beauvais.	Oise.
	Le Valois.	Crespy.	
	La France.	St-Denis.	Seine.
	Le Parisis.	Paris.	
	Le Vexin français.	Pontoise.	Seine-et-Oise.
	Le Mantois.	Mantes.	
	Le Hurepoix.	Dourdan.	
	Le Gâtinais français.	Nemours.	Seine-et-Marne.
	La Brie française.	Brie-Comte-Robert.	

Gouvernements.	*Provinces et pays.*		*Départements.*
	La Brie.	Meaux.	Partie de l'Aisne, de Seine-et-Marne et de la Marne.
	La Champagne.	Troyes.	Aube.
5. CHAMPAGNE.	Le Sénonais.	Sens.	Partie de l'Yonne.
	Le Rethélois.	Rethel.	Ardennes.
	La principauté de Sedan.	Sedan.	
	Le Rémois.	Reims.	
	Le Perthois.	Vitry.	Marne.
	L'Argonne.	Ste-Menehould	
	Le Bassigny.	Langres.	Haute-Marne.

RÉGION DU NORD-EST.

Gouvernements.	*Provinces et pays.*		*Départements.*
6. LORRAINE.	Le duché de Lorraine.	Nancy.	Vosges et grande partie de la Meurthe.
	Le duché de Bar.	Bar-le-Duc.	Grande partie de la Meuse.
	Le Pays Messin.	Metz.	Partie de la Moselle.
METZ et VERDUN.	Le Luxembourg français.	Thionville.	
	La Lorraine allemande.	Sarrelouis.	
	Le duché de Carignan.	Carignan.	Partie des Ardennes.
	Le Verdunois.	Verdun.	Nord de la Meuse.
TOUL.	L'évêché de Toul.	Toul.	Partie de la Meurthe.
7. ALSACE.	L'Alsace.	Strasbourg.	Haut-Rhin. Bas-Rhin.

(Mulhouse n'appartenait pas encore à la France en 1789.)

RÉGION DE L'EST.

Gouvernements.	*Provinces et pays.*		*Départements.*
8. FRANCHE-COMTÉ.	La Franche-Comté ou comté de Bourgogne.	Besançon.	Doubs, Jura, Hte-Saône.

(La principauté de Montbéliard n'appartenait pas encore à la France en 1789.)

Gouvernements.	*Provinces et pays.*		*Départements.*
	Le duché de Bourgogne.	Le Dijonnais. Dijon.	Côte-d'Or.
		L'Auxois. Semur.	
		L'Autunois. Autun.	Partie de Saône-et-Loire.
		Le Châlonnais. Châlon.	
9. BOURGOGNE.	L'Auxerrois.	Auxerre.	Partie sud-est de l'Yonne.
	Le Mâconnais.	Mâcon.	Partie de Saône-et-Loire.
	Le Charolais.	Charolles.	
	La Bresse.	Bourg.	Ain.
	Le Bugey.	Belley.	
	La principauté de Dombes.	Trévoux.	

RÉGION DU SUD-EST.

Gouvernements.	*Provinces et pays.*		*Départements.*
10. LYONNAIS	Le Beaujolais.	Villefranche.	Rhône.
	Le Lyonnais.	Lyon.	
	Le Forez.	Montbrison.	Loire.

Gouvernements.	Provinces et pays.	Départements.
11. DAUPHINÉ	Le Dauphiné. — Grenoble.	Isère, Drôme,
	Le Valentinois. — Valence.	Htes-Alpes.
	La principauté d'Orange. — Orange.	Partie de Vauc'use.
12. PROVENCE	La Provence. — Aix.	Bouches - du - Rhône, du Var, Basses - Alpes, partie orientale de Vaucluse.
	(Le comtat Venaissin n'appartenait pas encore à la France en 1789.)	
13. CORSE.	La Corse. — Bastia.	Corse.

RÉGION DU SUD.

Gouvernements.	Provinces et pays.	Départements.
14. LANGUE-DOC.	Le Toulousan. — Toulouse.	Haute-Garonne.
	L'Albigeois. — Albi.	Tarn.
	Le Lauraguais. — St-Papoul.	
	Le Bas-Languedoc. — Montpellier.	Aude, Hérault, Gard.
	Le Gévaudan. — Mende.	Lozère.
	Le Velay. — Le Puy.	Haute-Loire.
	Le Vivarais. — Annonay.	Ardèche.
15. ROUSSIL-LON.	Le Roussillon. — Perpignan.	Pyrénées-Orientales.
	La Cerdagne française. — Montlouis.	
16. COMTÉ DE FOIX.	Le comté de Foix. — Foix.	Ariége.
	(La vallée d'Andorre relevait de ce pays.)	

RÉGION DU SUD-OUEST.

Gouvernements	Provinces et pays	Départements
17. GUYENNE et GASCOGNE.	La Guyenne	La Guyenne propre { Le Bordelais. — Bordeaux. / Le Médoc.	Gironde.
		Le Bazadois. — Bazas.	
		Le Périgord. — Périgueux.	Dordogne.
		L'Agenais. — Agen.	Lot-et-Garonne.
		Le Quercy. — Cahors.	Lot, partie de Tarn-et-Garon.
		Le Rouergue. — Rhodez.	Aveyron.
	La Gascogne	Le Gabardan. — Cabaret.	Landes.
		Le Marsan. — Marsan.	
		Le Tursan. — Aire.	
		Le duché d'Albret. — Albret.	
		Le Condomois. — Condom.	Gers.
		L'Armagnac { L'Armagnac propre. — Auch. / L'Astarac. — Mirande. / Le Fezenzac. — Vic.	
		La Lomagne. — Lectoure.	Partie de Tarn-et-Garonne.
		Le Bigorre. — Tarbes.	Htes-Pyrénées.
		Le Comminges. — St-Bertrand.	Haute-Garonne.
		Le Nébouzan. — St-Gaudens.	
		Le Conserans. — St-Lizier.	Ariége, partie ouest.
		Le Pays Basque { Le Labourd. — Bayonne. / La Soule. — Mauléon.	Basses-Pyrénées
18. NAVARRE et BEARN.	La Navarre. — St-Jean-Pied-de-Port.	Basses-Pyrénées
	Le Béarn. — Pau.	

Gouvernements.	Provinces et pays.		Départements.
	RÉGION DE L'OUEST.		
19. BRETAGNE	La Basse-Bretagne ou Bretagne bretonnante.	Brest.	Finistère, Morbihan et ouest des Côtes-du-Nord.
	La Haute-Bretagne.	Rennes.	Loire-Inférieure, Ille-et-Vilaine et est des Côtes-du-Nord
20. MAINE.	Le Maine.	Le Mans.	Mayenne et Sarthe.
	Le Perche.	Mortagne.	Partie est de l'Orne.
	Le Perche-Gouet.	Montmirail.	Partie occidentale d'Eure-et-Loir.
	Le Thimerais.	Châteauneuf.	
21. ANJOU et SAUMUROIS.	L'Anjou.	Angers.	Maine-et-Loire.
	Le Saumurois.	Saumur.	
22. POITOU.	Le Haut-Poitou.	Poitiers.	Vendée, Vienne et Deux-Sèvres.
	Le Bas-Poitou.	Fontenay-le-Comte.	
	La Vendée.		
	Le Pays de Gatine.		
23. AUNIS.	L'Aunis.	La Rochelle.	Partie nord de la Charente-Inférieure.
24. SAINTONGE et ANGOUMOIS.	La Saintonge.	Saintes.	Charente-Infér.
	L'Angoumois.	Angoulême.	Charente.
	RÉGION DU CENTRE.		
25. TOURAINE	La Touraine.	Tours.	Indre-et-Loire.
26. ORLÉANAIS	L'Orléanais ou duché d'Orléans.	Orléans.	Partie ouest du Loiret.
	Le Gâtinais.	Montargis.	Partie est du Loiret.
	La Beauce ou pays Chartrain.	Chartres.	Centre d'Eure-et-Loir.
	Le Dunois.	Châteaudun.	Sud d'Eure-et-Loir.
	Le Vendômois.	Vendôme.	Nord de Loir-et-Cher.
	Le Blaisois ou comté de Blois.	Blois.	Centre de Loir-et-Cher.
	La Sologne.	Romorantin.	Est de Loir-et-Cher.
27. NIVERNAIS.	Le Nivernais.	Nevers.	Nièvre.
	Le Morvan.	Château-Chinon.	Partie de la Nièvre et de la Côte-d'Or.
28. BERRY.	Le Berry.	Bourges.	Cher, Indre.

Gouvernements.	Provinces et pays.		Départements.
29. BOURBON-NAIS.	Le Bourbonnais.	Moulins.	Allier.
30. AUVERGNE	L'Auvergne. La Limagne. Le Pays de Combrailles.	St-Flour. Clermont.	Cantal, Puy-de-Dôme, partie ouest de la Hte-Loire. Partie est de la Creuse.
31. LIMOUSIN	Le Limousin.	Limoges.	Corrèze, sud de la Hte-Vienne.
32. MARCHE.	La Marche.	Guéret.	Creuse.

§ XVIII.

Tableau comparatif des gouvernements et des départements.

(*N. B.* — La concordance des gouvernements et des pays n'est pas parfaitement exacte.)

RÉGION DU NORD.

Gouvernements.	Départements.	Chefs-lieux.
1. FLANDRE.	1. Nord.	Lille.
2. ARTOIS. PICARDIE.	2. Pas-de-Calais. 3. Somme.	Arras. Amiens.
3. NORMANDIE.	4. Seine-Inférieure. 5. Eure. 6. Calvados. 7. Manche. 8. Orne.	Rouen. Évreux. Caen. St-Lô. Alençon.
4. L'ILE-DE-FRANCE	9. Seine. 10. Seine-et-Oise. 11. Seine-et-Marne. 12. Oise. 13. Aisne.	Paris. Versailles. Melun. Beauvais. Laon.
5. CHAMPAGNE.	14. Ardennes. 15. Marne. 16. Aube. 17. Haute-Marne.	Mézières. Châlons. Troyes. Chaumont.

RÉGION DU NORD-EST.

Gouvernements.	Départements.	Chefs-lieux.
6. LORRAINE et BAR.	18. Meuse. 19. Moselle. 20. Meurthe. 21. Vosges.	Bar-le-Duc. Metz. Nancy. Epinal.
7. ALSACE.	22. Bas-Rhin. 23. Haut-Rhin.	Strasbourg. Colmar.

RÉGION DE L'EST.

Gouvernements.	Départements.	Chefs-lieux.
8. FRANCHE-COMTÉ	24. Doubs. 25. Jura. 26. Haute-Saône.	Besançon. Lons-le-Saulnier Vesoul.

Gouvernements.	Départements.	Chefs-lieux.
9. BOURGOGNE.	27. Ain.	Bourg.
	28. Saône-et-Loire.	Mâcon.
	29. Côte-d'Or.	Dijon.
	50. Yonne.	Auxerre.

RÉGION DU SUD-EST.

10. LYONNAIS.	31. Rhône.	Lyon.
	52. Loire.	St-Etienne.
11. DAUPHINÉ.	53. Isère.	Grenoble.
	54. Hautes-Alpes.	Gap.
	55. Drôme.	Valence.
COMTAT VENAISSIN	56. Vaucluse.	Avignon.
12. PROVENCE.	57. Bouches-du-Rhône.	Marseille.
	58. Var.	Draguignan.
	59. Basses-Alpes.	Digne.
13. CORSE.	40. Corse.	Ajaccio.

RÉGION DU SUD.

14. LANGUEDOC.	41. Ardèche.	Privas.
	42. Gard.	Nîmes.
	43. Hérault.	Montpellier.
	44. Aude.	Carcassonne.
	45. Haute-Garonne.	Toulouse.
	46. Tarn.	Alby.
	47. Lozère.	Mende.
	48. Haute-Loire.	Le Puy.
15. ROUSSILLON.	49. Pyrénées-Orientales.	Perpignan.
16. COMTÉ DE FOIX.	50. Ariége.	Foix.
17. GUYENNE.	51. Gironde.	Bordeaux.
	52. Dordogne.	Périgueux.
	53. Lot-et-Garonne.	Agen.
	54. Tarn-et-Garonne.	Montauban.
	55. Lot.	Cahors.
	56. Aveyron.	Rhodez.
GASCOGNE.	57. Gers.	Auch.
	58. Landes.	Mont-de-Marsan.
	59. Hautes-Pyrénées.	Tarbes.
18. BÉARN.	60. Basses-Pyrénées.	Pau.

RÉGION DE L'OUEST.

19. BRETAGNE.	61. Finistère.	Quimper.
	62. Morbihan.	Vannes.
	63. Côtes-du-Nord.	St-Brieuc.
	64. Ille-et-Vilaine.	Rennes.
	65. Loire-Inférieure.	Nantes.
20. MAINE.	66. Mayenne.	Laval.
	67. Sarthe.	Le Mans.
21. ANJOU et SAU-MUROIS.	68. Maine-et-Loire.	Angers.

Gouvernements.	Départements.	Chefs-lieux.
22. POITOU.	69. Vienne.	Poitiers.
	70. Deux-Sèvres.	Niort.
	71. Vendée.	Napoléonville.
23. AUNIS et SAIN-TONGE.	72. Charente-Inférieure.	La Rochelle.
24. ANGOUMOIS.	73. Charente.	Angoulême.

RÉGION DU CENTRE.

25. TOURAINE.	74. Indre-et-Loire.	Tours.
26. ORLÉANAIS.	75. Loir-et-Cher.	Blois.
	76. Eure-et-Loir.	Chartres.
	77. Loiret.	Orléans.
27. NIVERNAIS.	78. Nièvre.	Nevers.
28. BERRY.	79. Cher.	Bourges.
	80. Indre.	Châteauroux.
29. BOURBONNAIS.	81. Allier.	Moulins.
30. AUVERGNE.	82. Puy-de-Dôme.	Clermont.
	83. Cantal.	Aurillac.
31. LIMOUSIN.	84. Haute-Vienne.	Limoges.
	85. Corrèze.	Tulle.
32. MARCHE.	86. Creuse.	Guéret.

§ XIX.

Les départements avec les préfectures, sous-préfectures et lieux remarquables.

RÉGION DU NORD.

Départements.	Préfectures.	S.-Préfectures.	Lieux remarquables.
1. **NORD.**	LILLE.	Dunkerque.	*Gravelines*, place forte, port de mer.
		Hazebrouck.	
		Douai.	*Bergues*, place forte.
		Valenciennes.	*Cassel*, plusieurs batailles célèbres.
		Cambrai.	
		Avesnes.	*Roubaix*, } fabriques de toutes *Tourcoing*, } sortes de tissus.
			St-Amand, eaux minérales.
			Condé, place forte sur l'Escaut.
			Maubeuge, manufact. d'armes.
			Denain, } *Bouvines*, } batailles célèbr. *Malplaquet*, }

Départements.	Préfectures.	S.-Préfectures.	Lieux remarquables.
2. PAS - DE- CALAIS.	ARRAS.	Boulogne. St-Omer. Montreuil. Béthune. St-Pol.	Calais, port de mer. Aire, place forte. Ardres, entrevue du camp du Drap-d'Or. Azincourt, Guinegate, } batailles célèbres. Lens,
3. SOMME.	AMIENS.	Doulens. Abbeville. Péronne. Montdidier.	St-Valery-s.-Somme, port de m. Ham, château fort. Roye, commerce de grains. Albert, autrefois Ancre. Crécy, bataille célèbre.
4. SEINE-IN-FÉRIEURE.	ROUEN.	Dieppe. Neufchâtel. Yvetot. Le Havre.	Eu, château. Le Tréport, port de mer. St-Valery-en-Caux, port de m. Fécamp, port de mer. Harfleur, sur la Seine. Lillebonne, antiquités. Bolbec, toiles de coton. Caudebec, sur la Seine. Elbeuf, draps. Gournay, beurre. Aumale, ancienne capitale d'un comté. Arques, bataille célèbre.
5. EURE.	EVREUX.	Pont-Audemer. Louviers. Les Andelys. Bernay.	Gisors, autrefois importante. Cocherel, Verneuil, } batailles célèbr. Ivry-s.-Eure, Quillebeuf, sur la Seine.
6. CALVADOS	CAEN.	Bayeux. Pont-l'Evêque. Lisieux. Falaise. Vire.	Honfleur, port sur la Seine. Isigny, beurre et cidre. Condé-sur-Noireau. Formigny, bataille célèbre.
7. MANCHE.	SAINT-LO.	Cherbourg. Valognes. Coutances. Avranches. Mortain.	Granville, port de mer. Mont-St Michel, château fort. La Hague, combat naval.
8. ORNE.	ALENÇON.	Argentan. Domfront. Mortagne.	L'Aigle, tréfilerie. Le Pin, haras. Séez, évêché.
9. SEINE.	PARIS.	Saint-Denis. Sceaux.	Bercy, vins. Alfort, école vétérinaire. Vincennes, château fort.
10. SEINE-ET-OISE	VERSAILLES.	Pontoise. Mantes. Rambouillet. Corbeil. Etampes.	Sèvres, porcelaine. Poissy, bestiaux. Saint-Cyr, école militaire. Grignon, école d'agriculture. Monthéry, bataille célèbre.

2.

Départements.	Préfectures.	S.-Préfectures.	Lieux remarquables.
11. **SEINE-ET-MARNE.**	MELUN.	Meaux. Coulommiers. Provins. Fontainebleau.	*La Ferté-sous-Jouarre*, pierres meulières. *Brie-Comte-Robert*, grains. *Nemours.* *Montereau*, bataille célèbre.
12. **OISE.**	BEAUVAIS.	Compiègne. Clermont. Senlis.	*Chantilly*, château. *Noyon*, ancien évêché. *Creil*, porcelaine.
13. **AISNE.**	LAON.	Vervins. St-Quentin. Soissons. Château-Thierry	*St-Quentin*, cotonnades. *St-Gobain*, glaces. *Guise*, chef-lieu d'un ancien duché.
14. **ARDENNES**	MÉZIÈRES.	Rocroi. Sédan. Rethel. Vouziers.	*Givet*, place forte. *Charleville*, armes. *Fumay*, ardoisières.
15. **MARNE.**	CHALONS.	Reims. Epernay. Ste-Menehould. Vitry-le-François.	*Aï*, vin de champagne. *Valmy,* *Montmirail,* *Champaubert,* } batailles célèbres.
16. **AUBE.**	TROYES.	Arcis-sur-Aube. Nogent-s.-Seine. Bar-s.-Aube. Bar-s.-Seine.	*Brienne*, anc. école militaire. *Clairvaux*, ancienne abbaye.
17. **HAUTE-MARNE.**	CHAUMONT.	Vassy. Langres.	*Saint-Dizier*, fers. *Joinville.* *Bourbonne-les-Bains*, eaux minérales.
18. **MEUSE.**	BAR-LE-DUC.	Montmédy. Verdun. Commercy.	*Varennes-en-Argonne*, arrestation de Louis XVI. *Saint-Mihiel.* *Vaucouleurs*, souvenirs de Jeanne d'Arc.
19. **MOSELLE.**	METZ.	Thionville. Briey. Sarreguemines.	*Forbach,* *Longwy,* } places fortes.
20. **MEURTHE.**	NANCY.	Château-Salins. Sarrebourg. Toul. Lunéville.	*Dieuze*, salines. *Pont-à-Mousson.* *Phalsbourg*, place forte. *Baccarat*, cristaux. *Saint-Quirin*, glaces. *Vic*, sel gemme.
21. **VOSGES.**	EPINAL.	Neufchâteau. Saint-Dié. Mirecourt. Remiremont.	*Domrémy*, patrie de Jeanne d'Arc. *Plombières*, eaux minérales.
22. **BAS-RHIN.**	STRASBOURG.	Wissembourg. Saverne. Schelestadt.	*Hagueneau*, place forte. *Mutzig*, armes.

Départements.	Préfectures.	S.-Préfectures.	Lieux remarquables.
23. **HAUT-RHIN**	COLMAR.	Belfort. Altkirch.	*Mulhouse,* *Thann,* } cotons de couleur. *Neuf-Brisach.* *Huningue,*
24. **DOUBS.**	BESANÇON.	Montbéliard. Baume-les-Dames. Pontarlier.	*Fort-de-Joux.*
25. **JURA.**	LONS - LE - SAULNIER.	Dôle. Poligny. St-Claude.	*Arbois,* vins. *Salins,* salines.
26. **HAUTE-SAONE.**	VESOUL.	Lure. Gray.	*Luxeuil,* eaux minérales.
27. **AIN.**	BOURG.	Gex. Nantua. Trévoux. Belley.	*Ferney,* séjour de Voltaire. *Seyssel,* asphalte. *Fort-l'Ecluse.*
28. **SAONE-ET-LOIRE.**	MACON.	Autun. Châlon. Louhans. Charolles.	*Le Creuzot,* fer. *Cluny,* ancienne abbaye. *Tournus.*
29. **COTE-D'OR.**	DIJON.	Châtillon-sur-Seine. Semur. Beaune.	*Auxonne,* place forte. *Cîteaux,* ancienne abbaye. *Nuits,* *Vougeot,* } vins. *Fontaine-Française,* bataille célèbre.
30. **YONNE.**	AUXERRE.	Sens. Joigny. Tonnerre. Avallon.	*Chablis,* vins blancs. *Fontenay,* bataille célèbre. *Vézelay,* ancienne abbaye.
31. **RHONE.**	LYON.	Villefranche-s.-Saône.	*Tarare,* mousselines. *Beaujeu,* vins. *Givors,* charbon de terre.
32. **LOIRE.**	ST-ETIENNE.	Roanne. Montbrison.	*Rive-de-Gier,* charbon de terre. *Saint-Chamond,* rubans.
33. **ISÈRE.**	GRENOBLE.	La Tour-du-Pin. Vienne. St-Marcellin.	*Fort-Barraux.* *Bourgoin,* indiennes. *Voiron,* toiles. *La Grande-Chartreuse.*
34. **HAUTES-ALPES.**	GAP.	Briançon. Embrun.	
35. **DROME.**	VALENCE.	Die. Montélimart. Nyons.	*Romans.* *Tain,* vignoble de l'Hermitage. *Crest,* soie.
36 **VAUCLUSE**	AVIGNON.	Orange. Carpentras. Apt.	*Vaucluse,* village avec la célèbre fontaine.

Départements.	Préfectures.	S.-Préfectures.	Lieux remarquables.
57. **BOUCHES-DU-RHONE.**	MARSEILLE.	Arles. Aix.	*Tarascon. Salon. La Ciotat*, port de mer.
58. **VAR.**	DRAGUIGNAN	Grasse. Brignoles. Toulon.	*Hyères. Fréjus*, évêché. *Cannes, Antibes,* } ports de mer. *Grasse*, parfumerie.
59. **BASSES-ALPES.**	DIGNE.	Barcelonette. Sisteron. Forcalquier. Castellane.	*Manosque*, fruits et soie.
40. **CORSE.**	AJACCIO.	Bastia. Calvi. Corte. Sartène.	*Bonifacio*, port de mer.
41. **ARDÈCHE**	PRIVAS.	Tournon. L'Argentière.	*Annonay*, papier. *Aubenas*, soie et marrons. *Viviers*, évêché.
42. **GARD.**	NIMES	Alais. Uzès. Le Vigan.	*Le Pont-St-Esprit*, sur le Rhône. *Beaucaire*, foires célèbres. *Aigues-Mortes*, port de mer.
45 **HÉRAULT**	MONTPEL-LIER.	Lodève. St-Pons. Béziers.	*Pézenas. Agde, Cette,* } ports de mer. *Frontignan, Lunel,* } vins.
44. **AUDE.**	CARCAS-SONNE.	Castelnaudary. Narbonne. Limoux.	
45. **HAUTE-GARONNE.**	TOULOUSE.	Muret. Villefranche. St-Gaudens.	*Bagnères-de-Luchon*, eaux minérales.
46. **TARN.**	ALBY.	Gaillac. Lavaur. Castres.	*Rabastens. Sorèze*, ancienne école célèbre.
47. **LOZÈRE.**	MENDE.	Marvejols. Florac.	*Villefort*, mines de plomb.
48. **HAUTE-LOIRE.**	LE PUY.	Brioude. Yssengeaux.	
49. **PYRÉ-NÉES-ORIEN-TALES.**	PERPIGNAN.	Prades. Céret.	*Port-Vendres, Collioure,* } ports de mer. *Bellegarde*, place forte.
50. **ARIÉGE.**	Foix.	Pamiers. St-Girons.	*Mirepoix. Tarascon.*

Départements.	Préfectures.	S.-Préfectures.	Lieux remarquables.
51. **GIRONDE**.	BORDEAUX.	Lesparre. Blaye. Libourne. La Réole. Bazas.	*Saint-Emilion*, vins. *Coutras*, bataille célèbre. *La Teste*, sur le bassin d'Arcachon.
52. **DORDOGNE**.	PÉRIGUEUX.	Nontron. Ribérac. Bergerac. Sarlac.	*Brantôme*, ancienne abbaye. *Salignac*, berceau de la famille Fénelon. *St-Michel*, où est né Montaigne.
53. **LOT-ET-GARONNE**.	AGEN.	Marmande. Villeneuve-d'Agen. Nérac.	*Tonneins*.
54. **TARN-ET-GARONNE**.	MONTAUBAN.	Moissac. Castel-Sarrazin.	
55. **LOT**	CAHORS.	Gourdon. Figeac.	
56. **AVEYRON**	RHODEZ.	Espalion. Villefranche. Milhau. St-Affrique.	*Roquefort*, fromages.
57. **GERS**.	AUCH.	Condom. Lectoure. Mirande. Lombez.	
58. **LANDES**.	MONT-DE-MARSAN.	St-Sever. Dax.	*Pouy*, patrie de saint Vincent de Paul. *Labrit*, autrefois Albret. *Aire*, évêché.
59. **HAUTES-PYRÉNÉES**.	TARBES.	Bagnères-de-Bigorre. Argelès.	*Baréges*, *St-Sauveur*, } eaux minérales. *Cauterets*,
60. **BASSES-PYRÉNÉES**.	PAU.	Orthez. Bayonne. Oloron. Mauléon.	*Eaux-Chaudes*, *Eaux-Bonnes*, } eaux minér.
61. **FINISTÈRE**	QUIMPER.	Morlaix. Brest. Châteaulin. Quimperlé.	*Saint-Pol-de-Léon*.
62. **MORBIHAN**.	VANNES.	Pontivy. Ploërmel. Lorient.	*Port-Louis*. *Auray*, bataille célèbre. *Carnac*, monuments celtiques. *Quiberon*.
63. **COTES-DU-NORD**.	ST-BRIEUC.	Lannion. Guingamp. Dinan. Loudéac.	*Lamballe*, ancien duché de Penthièvre. *Tréguier*, port de mer.

Départements.	Préfectures.	S.-Préfectures.	Lieux remarquables.
64. ILLE-ET-VILAINE.	RENNES.	St-Malo. Fougères. Montfort. Vitré. Redon.	*Saint-Servan*, port de mer. *Cancale*, huitres.
65. LOIRE-IN-FERIEURE.	NANTES.	Châteaubriant. Savenay. Ancenis. Paimbœuf.	*Guérande*, *Saint-Nazaire*. *Indret*, usines.
66. MAYENNE	LAVAL.	Mayenne. Château-Gontier.	
67. SARTHE.	LE MANS.	Mamers. Saint-Calais. La Flèche.	
68. MAINE-ET-LOIRE.	ANGERS.	Ségré. Baugé. Beaupréau. Saumur.	*Cholet*, toiles.
69. VIENNE.	POITIERS.	Loudun. Châtellerault. Montmorillon. Civray.	*Vouillé*, bataille célèbre. *Montcontour*, bataille célèbre. *Lusignan*, ancien château.
70. DEUX-SÈVRES.	NIORT.	Bressuire. Parthenay. Melle.	*Thouars*.
71. VENDÉE.	NAPOLÉON-VENDÉE.	Les Sables-d'O-lonne. Fontenay.	*Luçon*, évéché.
72. CHA-RENTE-INFÉ-RIEURE.	LA ROCHELLE	Rochefort. St-Jean-d'An-gely. Marennes. Saintes. Jonzac.	*Maram*, port. *Taillebourg*, bataille célèbre.
73. CHARENTE	ANGOULÉME	Ruffec. Confolens. Cognac. Barbezieux.	*Jarnac*, bataille célèbre. *La Rochefoucauld*. *Ruelle*, fonderie.
74. INDRE-ET-LOIRE.	TOURS.	Chinon. Loches.	*Amboise*. *Plessis-lez-Tours*. *Mettray*, colonie agricole.
75. LOIR-ET-CHER.	BLOIS.	Vendôme. Romorantin.	*Chambord*, château. *Saint-Aignan*, pierres à fusil.
76. EURE-ET-LOIR.	CHARTRES.	Dreux. Nogent-le-Ro-trou. Châteaudun.	*Maintenon*.

Départements.	Préfectures.	S.-Préfectures.	Lieux remarquables.
77. **LOIRET**.	ORLÉANS.	Pithiviers. Montargis. Gien.	*Briare*, canal. *Beaugency*, vin. *Patay*, bataille célèbre.
78. **NIÈVRE**.	NEVERS.	Clamecy. Cosne. Château-Chinon.	*Fourchambault,* } usines. *Donzy,* *Pouilly*, vins blancs.
79. **CHER**.	BOURGES.	Sancerre. St-Amand.	*Vierzon*, forges.
80. **INDRE**.	CHATEAU-ROUX.	Issoudun. Le Blanc. La Châtre.	
81. **ALLIER**.	MOULINS.	Montluçon. La Palisse. Gannac.	*Bourbon-l'Archambault* } eaux minér. *Vichy,* *Néris,*
82. **PUY-DE-DOME**.	CLERMONT.	Riom. Thiers. Issoire. Ambert.	*Billom.* *Aigueperse.* *Volvic*, carrières. *Royat.* *Le Mont-Dore*, eaux minérales.
83. **CANTAL**.	AURILLAC.	Mauriac. Murat. St-Flour.	
84. **HAUTE-VIENNE**.	LIMOGES.	Bellac. Rochechouart. St-Yrieix.	
85. **CORRÈZE**.	TULLE.	Ussel. Brives.	
86. **CREUSE**.	GUÉRET.	Boussac. Aubusson. Bourganeuf.	*Felletin*, tapis.

§ XX.

Tableau des circonscriptions ecclésiastiques.

Archevêchés et Evêchés	Départements composant le diocèse.	Archevêchés et Evêchés	Départements composant le diocèse.
1. *Paris.*	Seine.	Dijon.	Côte-d'Or.
Chartres.	Eure-et-Loir.	St-Claude.	Jura.
Meaux.	Seine-et-Marne.	Grenoble.	Isère.
Orléans.	Loiret.		
Blois.	Loir-et-Cher.	3. *Rouen.*	Seine-Inférieure.
Versailles.	Seine-et-Oise.	Bayeux.	Calvados.
		Evreux.	Eure.
2. *Lyon.*	Rhône. — Loire.	Séez.	Orne.
Autun.	Saône-et-Loire.	Coutances.	Manche.
Langres.	Haute-Marne.		

Archevéchés et Evêchés.	Départements composant le diocèse.		Archevêchés et Evêchés.	Départements composant le diocèse.
4. *Sens.*	Yonne.			Périgueux.	Dordogne.
Troyes.	Aube.		La Rochelle.	Charente-Inférieure.
Nevers.	Nièvre.		Luçon.	Vendée.
Moulins.	Allier.			
			10. *Auch.*	Gers.
5. *Reims.*	Arrondiss. de Reims. Ardennes.		Aire.	Landes.
			Tarbes.	Haute-Pyrénées.
Soissons.	Aisne.		Bayonne.	Basses-Pyrénées.
Châlons.	Marne (moins arrond. de Reims).			
			11. *Toulouse.*	Haute-Garonne.
Beauvais.	Oise.		Montauban.	Tarn-et-Garonne.
Amiens.	Somme.		Pamiers.	Ariége.
			Carcassonne.	Aude.
6. *Tours.*	Indre-et-Loire.			
Le Mans.	Sarthe.		12. *Aix.*	Bouches - du - Rhône (moins ar. Marseille).
Laval.	Mayenne.		Marseille.	Arrond. de Marseille.
Angers.	Maine-et-Loire.		Fréjus.	Var.
Rennes.	Ille-et-Vilaine.		Digne.	Basses-Alpes.
Nantes.	Loire-Inférieure.		Gap.	Hautes-Alpes.
Quimper.	Finistère.		Ajaccio.	Corse.
Vannes.	Morbihan.			
St-Brieuc.	Côtes-du-Nord.		13. *Besançon.*	Doubs, Hte-Saône.
			Strasbourg.	Haut-Rhin, Bas-Rhin.
7. *Bourges.*	Cher, Indre.		Metz.	Moselle.
Clermont.	Puy-de-Dôme.		Verdun.	Meuse.
Limoges.	Creuse, Hte-Vienne.		Belley.	Ain.
Le Puy.	Haute-Loire.		St-Dié.	Vosges.
Tulle.	Corrèze.		Nancy.	Meurthe.
St-Flour.	Cantal.			
8. *Alby.*	Tarn.		14. *Avignon.*	Vaucluse.
Rhodez.	Aveyron.		Nimes.	Gard.
Cahors.	Lot.		Valence.	Drôme.
Mende.	Lozère.		Viviers.	Ardèche.
Perpignan.	Pyrénées-Orientales.		Montpellier.	Hérault.
9. *Bordeaux.*	Gironde.		15. *Cambrai.*	Nord.
Agen.	Lot-et-Garonne.		Arras.	Pas-de-Calais.
Angoulême.	Charente.			
Poitiers.	Deux-Sèvres, Vienne.			

§ XXI.

Tableau des 21 divisions militaires.

Les quartiers généraux des 21 divisions militaires sont :

1re	Paris.	8e	Lyon.
2e	Rouen.	9e	Marseille.
3e	Lille.	10e	Montpellier.
4e	Châlons-sur-Marne.	11e	Perpignan.
5e	Metz.	12e	Toulouse.
6e	Strasbourg.	13e	Bayonne.
7e	Besançon.	14e	Bordeaux.

15ᵉ Nantes.
16ᵉ Rennes.
17ᵉ Bastia.
18ᵉ Tours.

19ᵉ Bourges.
20ᵉ Clermont-Ferrand.
21ᵉ Limoges.

§ XXII.

Tableau des préfectures et des arrondissements maritimes.

PRÉFECTURES.	ARRONDISSEMENTS.	
1. Cherbourg.	Cherbourg, Dunkerque, le Havre.	La côte entre Dunkerque et Granville.
2. Brest.	Brest, Saint-Servan.	La côte entre Granville et Quimper.
3. Lorient.	Lorient, Nantes.	La côte entre Lorient et la Loire.
4. Rochefort.	Rochefort, Bordeaux, Bayonne.	La côte entre la Loire et la Bidassoa.
5. Toulon.	Toulon, Marseille, Corse.	Algérie. — Les côtes de la Méditerranée.

§ XXIII.

Les 11 principales contrées de l'Asie.

1 AU NORD.

1. Sibérie.   Tobolsk.

4 AU CENTRE.

2. La Turquie d'Asie.   V. p. Smyrne.
3. Le Turkestan.   V. p. Boukhara.
4. La Chine.   Pékin.
5. Le Japon.   Yédo.

6 AU SUD.

6. L'Arabie.   V. p. la Mecque.
7. La Perse.   Téhéran.
8. L'Afghanistan.   Caboul.
9. Bélouchistan.   Kélat.
10. L'Hindoustan.   V. p. Calcutta.
11. L'Indo-Chine.   V. p. Ava.

§ XXIV.

Les 19 principales contrées de l'Afrique.

3 AU NORD.

1. La Barbarie.   V. p. Alger.
2. L'Egypte.   Le Caire.
3. Le Sahara.   V. p. Agably.

7 AU CENTRE.

4. La Sénégambie.   V. p. Saint-Louis.
5. La Guinée septentrionale.   V. p. Bénin.
6. Le Soudan.   V. p. Tombouctou.
7. La Nubie.   V. p. Sennaar.
8. L'Abyssinie.   V. p. Gondar.
9. L'Adel.   V. p. Zéila.
10. L'Ajan.

9 AU SUD.

11. La Guinée méridionale.   V. p. San-Salvador.
12. Le pays des Hottentots.
13. Le gouvernement du Cap.   Le Cap.
14. La Cafrerie.
15. Le Monomotapa.   V. p. Sofala.
16. Le Mozambique.   V. p. Mozambique.
17. Le Zanguebar.
18. Pays inconnus au centre.
19. L'île de Madagascar.   V. p. Tamatave.

§ XXV.

Les 16 principales contrées de l'Amérique.

6 DANS L'AMÉRIQUE SEPTENTRIONALE.

1. L'Amérique russe.   V. p. la Nouvelle-Arkhangel.
2. Le Groënland.   V. p. Frédérikshaab.
3. La Nouvelle-Bretagne.   Québec.
4. Les États-Unis.   Washington.
5. Le Mexique.   Mexico.
6. Le Guatémala.   Guatémala.

10 DANS L'AMÉRIQUE MÉRIDIONALE.

7. La Colombie.   { Nouvelle-Grenade. Santa-Fé-de-Bogota. / Vénézuéla. Caracas. / L'Equateur. Quito.
8. La Guyane.   V. p. Cayenne.
9. Le Brésil.   Rio de Janeiro.
10. Le Pérou.   Lima.
11. Bolivia.   Chuquisaca.
12. Le Paraguay.   L'Assomption.
13. L'Uraguay.   Monte-Video.
14. La Plata.   Buenos-Ayres.
15. Le Chili.   Santiago.
16. La Patagonie.

QUATRIÈME PARTIE.

Chronologie.

---

§ Ier.

Chronologie ancienne.

La chronologie ancienne se divise en cinq périodes fondées sur l'Histoire sainte :

1° LES PATRIARCHES, d'Adam à Moïse (4963-1725) ;

2° LES CHEFS DES HÉBREUX, de Moïse à Saül (1725-1080) ;

3° LES ROIS DE JUDA, de Saül à la captivité de Babylone (1080-586) ;

4° LES ROIS D'ORIENT, de Nabuchodonosor II à Judas Machabée (586-166) ;

5° LES DERNIERS CHEFS DES JUIFS, de Judas Machabée à la naissance de J.-C. (166 à 1 av. J.-C.).

PREMIÈRE PÉRIODE.

LES PATRIARCHES.

(4963-1725 avant Jésus-Christ.)

50ᵉ *Siècle.*

4963. — Création du monde.

49ᵉ *Siècle.*

4833. — Naissance de Seth, 3ᵉ fils d'Adam, après la mort d'Abel son frère ; il meurt en 3921.

40ᵉ *Siècle.*

3908. — Naissance de Noé, qui vécut avec tous ses as-
cendants, excepté Adam, Seth et Enoch.

34ᵉ *Siècle.*

3308. — Déluge universel ; il commence le 8 décembre
et dure un an et cinq jours.

30ᵉ *Siècle.*

2907. — Construction de la tour de Babel, sur les rives
de l'Euphrate.

29ᵉ *Siècle.*

2806. — Mort de Sem ; il avait vécu 97 ans avec Mathu-
salem, qui lui-même avait passé 244 ans avec
Adam.

27ᵉ *Siècle.*

2680. — Nemrod, fils de Chus, petit-fils de Cham, fonde
Babylone au pied de la tour inachevée de Babel. — 40 ans plus tard, Assur, fils de Sem,
est chassé par Nemrod du pays de Sennaar et
fonde Ninive sur les bords du Tigre.

2637. — Hoang-Ti, premier roi auquel les Chinois font
remonter leurs annales, quoiqu'ils regardent
comme leur fondateur Fo-Hi, qui vivait l'année de la mort de Noé, en 2958.

25ᵉ *Siècle.*

2467. — Ménès ou Mesraïm, fils de Cham, premier roi
d'Egypte.

2436. — Naissance de Tharé, père d'Abraham ; il vécut
dans l'idolâtrie.

24ᵉ *Siècle.*

2335. — Les Hyksos, horde d'Arabes et de Phéniciens, sous le nom de Pharaons pasteurs, s'emparent de l'Egypte et y dominent pendant 260 ans.

23ᵉ *Siècle.*

2296. — Vocation d'Abraham ; il était né en 2366, et mourut en 2191.

2266. — Naissance d'Isaac.

2206. — Naissance de Jacob.

22ᵉ *Siècle.*

2164. — Egialée, fondateur et premier roi de Sicyone. C'est le plus ancien fait de l'histoire grecque dont on ait quelque certitude.

21ᵉ *Siècle.*

2097. — Joseph, à peine âgé de 17 ans, est vendu par ses frères.

2076. — Jacob avec sa famille, qui comptait 70 personnes, s'établit en Egypte dans la terre de Gessen.

20ᵉ *Siècle.*

1968. — Après la mort de Bélus, qui avait chassé les Hyksos d'Assyrie, Ninus, son fils, et Sémiramis règnent sur tout ce pays.

19ᵉ *Siècle.*

1800. — Les Israélites sont opprimés par les Pharaons.

18ᵉ *Siècle.*

1770. — Séthos, qui est probablement Sésostris, premier roi de la XIXᵉ dynastie égyptienne, la plus célèbre de toutes.

DEUXIÈME PÉRIODE.

LES CHEFS DES HÉBREUX.

(1725 – 1080 avant Jésus-Christ.)

18ᵉ *Siècle.*

1725. — Naissance de Moïse, à Tanis.

1711. — On distingue déjà dans la Gaule les nations des Celtes, des Arvernes, des Éduens, des Séquanais et plusieurs autres.

17ᵉ *Siècle.*

1645. — Sortie d'Egypte. Les Hébreux étaient au nombre de plus de 3,000,000 d'individus.

1643. — Cécrops s'enfuit d'Egypte et vient fonder Athènes, où il institue l'Aréopage.

1605. — Mort de Moïse ; Josué lui succède.

16ᵉ *Siècle.*

1580. — Le Phénicien Cadmus aborde en Béotie, bâtit la ville de Thèbes et introduit dans la Grèce les 16 caractères phéniciens.

1554. — Othoniel, de la tribu de Juda, porte le premier le titre de Juge.

1529. — Hellen, fils de Deucalion, donne son nom à la Grèce (la Hellade).

1516. — Lelex, Egyptien ou Phénicien, donne des lois à Sparte, qu'il a agrandie.

1514. — L'invasion des Gaulois dans l'Ibérie force divers peuples de ce pays à se réfugier autour du golfe qui sépare les Gaules de l'Italie (golfe du Lion).

15ᵉ *Siècle.*

1496. — Aod procure une très-longue paix aux Israélites en tuant Moab leur persécuteur.

1434. — Minos règne sur l'île de Crète et lui donne des
lois célèbres chez les anciens.

14ᵉ *Siècle.*

1380. — Pélops, fils de Tantale, roi de Lydie, s'empare
d'une partie de la Grèce, qui reçut le nom de
Péloponèse.

1364. — Emigration des Ombres de la Gaule en Italie.
Les Sicules sont chassés par eux des rives du
Pô et passent en Sicile.

1349. — Gédéon. — Temps héroïques de la Grèce ; travaux d'Hercule ; exploits de Persée ; expédition des Argonautes ; aventures de Jason et
de Médée, de Castor et de Pollux, etc.

1321. — Les Héraclides, chassés du Péloponèse par les
Pélopides, se retirent à Athènes, sous la pro-
tection de Thésée.

1307. — Guerre des sept Chefs devant Thèbes, dirigée
par Polynice et Adraste.

13ᵉ *Siècle.*

1270. — Prise de Troie, après dix ans de siége.
1243. — Jephté.

12ᵉ *Siècle.*

1190. — Les Héraclides, unis aux Doriens, rentrent dans
le Péloponèse sous la conduite des trois frères
Aristodème, Cresphonte et Témène.

1172. — Samson, né en 1191, commence à s'illustrer.

1132. — Codrus, dernier roi d'Athènes, se dévoue dans un combat contre les Doriens.

11ᵉ *Siècle.*

1092. — Samuel, dernier juge d'Israël.

—

TROISIÈME PÉRIODE

LES ROIS DE JUDA.

(1080-586 avant Jésus-Christ.)

11ᵉ *Siècle.*

1080. — Saül, premier roi de Juda.
1040. — David.
1001. — Salomon.

10ᵉ *Siècle.*

976. — Sésac ou Sésonchis, chef de la XXIIᵉ dynastie égyptienne, est un des plus remarquables Pharaons dont parle l'Écriture.
962. — Royaume de Juda et d'Israël. — Roboam règne sur Juda et Jéroboam sur Israël.
944. — Hésiode.
907. — Homère.

9ᵉ *Siècle.*

888. — Achab, roi d'Israël, allié à Josaphat, roi de Juda, périt à la bataille de Ramoth de Galaad contre les Syriens commandés par Benadab II.
884. — Lycurgue donne à Sparte une constitution toute militaire.

876. — Athalie, fille d'Achab, roi d'Israël, et femme de Joram, roi de Juda, succède à Ochosias dont elle a fait massacrer les enfants.

860. — Fondation de Carthage par Didon, princesse de Tyr.

803. — Osias, roi de Juda.

800. — Jonas, le plus ancien des douze petits prophètes.

8ᵉ *Siècle.*

796. — Caranus l'Héraclide fonde une dynastie en Macédoine. — A cette époque, Numitor, fils de Procas, roi du Latium, est détrôné par son frère Amulius.

776. — Ère des Olympiades. Les jeux olympiques fondés par Hercule sont rétablis par Iphytus, roi de l'Elide ; Corébus d'Elide y est vainqueur.

759. — Sardanapale, assiégé par Bélésis et par Arbacès, se donne la mort. — Arbacès règne en Médie; Bélésis à Babylone, et Phul, fils de Sardanapale, à Ninive.

754. — Fondation de Rome par Romulus et Rémus.

747. — Ère de Nabonassar, successeur de Bélésis.

744. — Première guerre de Sparte contre les Messéniens ; elle dure vingt ans.

733. — Déjocès, élu roi de Médie, bâtit Ecbatane.

723. — Ézéchias, roi de Juda.

718. — Fin du royaume d'Israël, que détruit Salmanazar, roi d'Assyrie, après la prise de Samarie. Il avait duré 244 ans.

714. — Numa Pompilius succède à Romulus, après un interrègne d'un an.

7ᵉ *Siècle.*

694. — Manassès fait cruellement périr Isaïe, âgé de 110 ans, le premier des quatre grands prophètes.

682. — Deuxième guerre de Messénie qui dura 14 ans. Les Spartiates, commandés par Euryale et le poëte Tyrtée, soumettent les Messéniens conduits par Aristomène, qui avait été trois fois vainqueur.

680. — Assarhaddon réunit les deux royaumes de Ninive et de Babylone.

671. — Tullus Hostilius, troisième roi de Rome, succède à Numa.

665. — Nabuchodonosor Iᵉʳ, successeur d'Assarhaddon, se trouve, par la défaite de Phraorte, un instant maître du puissant empire d'Assyrie. — Destruction d'Albe par les Romains.

660. — Origine de la monarchie japonaise fondée par Syn-Mu, né en Chine.

656. — Fin du gouvernement des douze rois en Egypte. Psammétique, l'un d'eux, s'empare du pouvoir et commence la XXVIᵉ dynastie.

638. — Josias, roi de Juda.

630. — Les Kymris, autrement Cimbres ou Cimmériens, traversent la Germanie et s'établissent dans le nord de la Gaule.

625. — Ninive est détruite par Cyaxare Iᵉʳ et Nabopolassar ; Babylone devient la capitale de l'Assyrie.

624. — Dracon, l'un des archontes annuels, donne un code barbare à Athènes.

617. — Néchao, roi d'Égypte et fils de Psammétique, fait faire le tour de l'Afrique à des navigateurs phéniciens.

606. — Prise de Jérusalem par Nabuchodonosor II. Captivité des Juifs à Babylone.

600. — Fondation de Marseille par une colonie grecque venue de Phocée, en Asie.

6e *Siècle.*

595. — Astyage succède à Cyaxare Ier sur le trône de Médie.

594. — Solon remplace à Athènes le code de Dracon par des lois plus douces. — Les sept sages de la Grèce.

587. — Fin du royaume de Juda, qui avait duré 493 ans, depuis Saül. Destruction du temple et de la ville de Jérusalem par Nabuchodonosor.
Deuxième invasion des Kymris en Gaule ; émigration de Bellovèse en Italie et de Sigovèse en Germanie.

—

QUATRIÈME PÉRIODE.

LES ROIS D'ORIENT QUI ONT RÉGNÉ SUR LES JUIFS.

(586-166 av. J.-C.)

6e *Siècle.*

561. — Pisistrate s'empare de l'autorité à Athènes. — Daniel, 4e grand prophète.

560. — Cyaxare II succède à Astyage son père sur trône de Médie, et Cyrus remplace Cambyse sur celui de Perse.

547. — Cyrus gagne la bataille de Thymbrée sur Crésus, roi de Lydie.

536. — Édit de Cyrus qui met fin à la captivité de Babylone. — Les Juifs, au nombre de 54,000 seulement, retournent dans leur pays sous la conduite de Zorobabel.

525. — Psamménite, dernier des Pharaons, est vaincu par Cambyse, roi de Perse.

509. — Rome chasse les Tarquins, abolit la royauté et établit la république, qui a pour chefs deux consuls, dont les premiers sont Brutus et Collatin.

500. — Soulèvement des colonies grecques d'Ionie; incendie de Sardes par les Athéniens; signal des guerres médiques. — Pythagore, de Samos, géomètre et philosophe, fondateur de l'école italique, meurt à l'âge de 80 ans.

5e *Siècle.*

495. — Aulus Posthumius, premier dictateur à Rome, défait les Latins auprès du lac Régille.

492. Premiers tribuns du peuple à Rome.

490. — Bataille de Marathon, gagnée par Miltiade à la tête des Athéniens, sur Datis et Artapherne, généraux de Darius, fils d'Hystaspe.

488. — Coriolan met le siége devant Rome, contre laquelle il s'est révolté.

480. — Léonidas aux Thermopyles. — Thémistocle bat la flotte de Xerxès à Salamine; le même jour, Gélon, tyran de Syracuse, défait auprès d'Hymère Amilcar, général carthaginois, allié des Perses.

479. — Mort de Confucius, philosophe chinois, qui avai
fondé la secte des Lettrés.

471. — Exil de Thémistocle et mort d'Aristide. — Cimon,
fils de Miltiade, et Périclès leur succèdent dans
les hautes charges.

467. — Esdras retourne à Jérusalem. — Thémistocle se
réfugie près d'Artaxercès Longuemain. — Si-
monide et Pindare ornent la cour d'Hiéron, roi
de Syracuse.

464. — Troisième guerre de Messénie ; elle se termine,
après dix ans, à l'avantage de Sparte, comme
les deux premières.

458. — Mort d'Esther, captive juive, qui était devenue
la femme d'Artaxercès Longuemain.

451. — Cincinnatus, tiré de la charrue, est dictateur
pendant seize jours. — Les décemvirs à Rome ;
Loi des Douze Tables.

449. — Nouvelle victoire des Grecs à Salamine ; indépendance de l'Asie Mineure. — Fin de la première guerre médique, qui a duré un demi-
siècle.

445. — Périclès est dans tout son éclat. Alors floris-
saient Anaxagore, Socrate, Hérodote, Thucy-
dide, Sophocle, Euripide, Zeuxis, Parrhasius,
Phidias, Polyclète, Hippocrate et une foule
d'autres personnages célèbres.

431. — Guerre du Péloponèse, qui dura 27 ans : Pla-
tée, protégée par Athènes, avait été attaquée
par les Thébains, alliés de Sparte.

430. — Peste d'Athènes ; l'année suivante, Périclès
meurt atteint par le fléau.

421. — Paix de Nicias, qui doit durer cinquante ans. — Reprise immédiate des armes ; Alcibiade jouit de la plus grande faveur.

415. — Expédition de Sicile ; revers des Athéniens. — Alcibiade se retire à Sparte.

405. — Denys l'Ancien, qui vient d'usurper le pouvoir à Syracuse, ne peut empêcher les Carthaginois de s'emparer d'Agrigente.

404. — Victoire d'Ægos-Potamos, remportée sur les Athéniens par Lysandre, amiral spartiate. — Athènes est démantelée et la guerre du Péloponèse prend fin.

403. — Trasybule renverse les trente tyrans et rend la liberté à Athènes.

401. — Bataille de Cunaxa, où Cyrus le Jeune est tué par Artaxercès Mnémon, son frère ; elle est suivie de la retraite des *Dix mille*, écrite par Xénophon.

400. — Mort de Socrate, le plus sage des philosophes anciens.

4ᵉ Siècle.

394. — Agésilas, roi de Lacédémone, quitte l'Asie, dont il avait médité la conquête, et gagne sur les Thébains la bataille de Coronée.

390. — Première invasion des Gaulois en Italie. — Prise et sac de Rome par Brennus, chef des Gaulois Sénonais. — L'année suivante, ils sont entièrement défaits par Camille.

387. — Antalcidas accepte, au nom de Sparte, le honteux traité que lui impose Artaxercès Mnémon.

382. — Naissance de Démosthène, prince des orateurs grecs.

371. — Bataille de Leuctres, où les Thébains, sous la conduite d'Epaminondas et de Pélopidas, battent et tuent Cléombrote, roi de Sparte.

367. — A Rome, les plébéiens finissent par obtenir de partager le consulat, la dictature et toutes les autres charges réservées jusque-là aux seuls patriciens.

362. — Bataille de Mantinée, gagnée sur les Lacédémoniens par Epaminondas, qui y périt.

360. — Philippe II monte sur le trône de Macédoine.

356. — Naissance d'Alexandre ; le même jour, Erostrate brûle le temple de Diane, à Ephèse.

355. — Première guerre sacrée, que Philippe ne termine qu'en 345.

350. — Pontificat de Jaddus, l'un des grands prêtres les plus remarquables.

343. — Timoléon délivre Syracuse de la tyrannie de Denys le Jeune, qui se fait maître d'école à Corinthe. — Guerre des Romains contre les Samnites ; elle dure 76 ans.

338. — Seconde guerre sacrée, terminée par la victoire de Chéronée, remportée par Philippe sur les Athéniens et les Thébains.

336. — Alexandre III, le Grand, monte sur le trône de Macédoine, et Darius III Codoman, sur celui de Perse, dont il est le dernier roi.

331. — Bataille d'Arbèles et mort de Darius.

323. — Alexandre meurt à Babylone, le 21 avril, âgé de 32 ans 8 mois.

322. — Les Grecs, vainqueurs à Lamia, mais battus à Cranon, font la paix avec Antipater, roi de Macédoine, à l'instigation de Phocion.

321. — Pontius Hérennius, roi des Samnites, fait passer les Romains sous le joug, aux Fourches-Caudines.

320. — Perdiccas est massacré en Egypte. — Nouveau partage entre les généraux d'Alexandre.

312. — Séleucus Nicator prend le titre de roi de Syrie, et commence l'ère et la dynastie des Séleucides.

301. — Bataille d'Ipsus et partage de l'empire d'Alexandre, entre Cassandre qui règne sur la Macédoine, Ptolémée, fils de Lagus, sur l'Egypte, Lysimaque sur la Thrace et Séleucus sur la Syrie.

3ᵉ *Siècle.*

290. — Les Samnites acceptent enfin la paix offerte par Curius Dentatus, qui asseoit ainsi la domination romaine en Italie.

287. — Pyrrhus, roi d'Epire, se ligue avec Lysimaque, Séleucus et Ptolémée contre Démétrius Poliorcètes et lui enlève la Macédoine.

281. — Formation de la ligue Achéenne qui subsista 135 ans.

280. — Belgius et Brennus, chefs des Gaulois, envahissent la Grèce et la Macédoine ; l'année suivante, ils éprouvent un échec considérable près de Delphes.

275. — Pyrrhus, plusieurs fois vainqueur des Romains, est défait par Curius Dentatus ; trois ans après, il est tué à Argos. — Version des Septante, traduction d'hébreu en grec des Livres Saints, composée par ordre de Ptolémée II Philadelphe, roi d'Egypte.

268. — Formation de la ligue Etolienne, en Grèce, contre la Macédoine, la ligue Achéenne et la république romaine.

264. — Première guerre punique, qui dure 24 ans et dans laquelle se signalent Duillius Népos, Régulus et le Carthaginois Amilcar Barca.

255. — Arsace fonde l'empire des Parthes Arsacides.

251. — Aratus de Sicyone, préteur de la ligue Achéenne, travaille énergiquement à affranchir la Grèce.

247. — La Chine, longtemps morcelée, est réunie sous l'autorité de Tsin-Chi-Hoang-Ti, qui bâtit la Grande Muraille.

242. — Lutatius défait la flotte carthaginoise aux îles Egates ; cette victoire amène la paix, et la Sicile devient la première province romaine.

239. — Agis III, voulant rétablir à Sparte les lois de Lycurgue, est mis à mort.

235. — Le temple de Janus est enfin fermé ; il ne l'avait pas été depuis Numa.

233. — Amilcar Barca, général carthaginois, termine la guerre des Mercenaires.

226. — Publication de la loi agraire à Rome.

222. — Antiochus le Grand règne sur la Syrie.

219. — Deuxième guerre punique, qui dure 18 ans et dans laquelle se signalent Annibal du côté des Carthaginois, Fabius Maximus et le premier Scipion l'Africain du côté des Romains. — Première apparition des Pharisiens et des Saducéens.

3.

216. — Bataille de Cannes.

212. — Après trois ans de siége, Marcellus se rend maitre de Syracuse, malgré le génie d'Archimède.

208. — Philopœmen, surnommé le dernier des Grecs, est à la tète des Achéens. Les Etoliens introduisent les Romains dans leur patrie.

202. — Bataille de Zama, gagnée sur Annibal par Scipion l'Africain ; elle met fin à la deuxième guerre punique.

2ᵉ *Siècle.*

197. — Bataille de Cynocéphale, en Grèce, gagnée sur Philippe III par Flaminius, qui, l'année suivante, aux Jeux Olympiques, proclame la liberté des Grecs.

183. — Mort de trois grands hommes : Annibal, Scipion et Philopœmen ; Annibal s'empoisonne à 64 ans, trahi par Prusias II, roi de Bithynie, à qui il avait fait remporter plusieurs victoires sur Eumène III, roi de Pergame ; Scipion meurt en exil à 51 ans ; Philopœmen périt aussi par le poison.

175. — Punition d'Héliodore, ministre de Séleucus IV Philopator, sous le pontificat d'Onias.

168. — Persée, dernier roi de Macédoine, est défait à Pydna par Paul-Emile. — Martyre d'Éléazar et des sept frères Machabées.

CINQUIÈME PÉRIODE.

LES DERNIERS CHEFS DES JUIFS.

(166 à 1 av. J.-C.)

2e *Siècle.*

166. — Judas Machabée bat tous les généraux d'Antiochus Epiphane et rend enfin la liberté à son pays.

154. — Marseille introduit les Romains dans la Gaule, en implorant leur secours contre ses voisins.

149. — Troisième guerre punique, qui dure trois ans.

146. — Metellus et Mummius ruinent Corinthe et forment la province d'Achaïe. En même temps, Scipion Emilien, fils de Paul-Emile, anéantit Carthage.

135. — Pontificat de Jean Hyrcan Ier.

134. — Guerre des Esclaves, commencée en Sicile par Eunus qui s'est mis à leur tête; elle se termina en 99, après avoir coûté la vie à un million de ces malheureux.

133. — Tibérius Gracchus, petit-fils de Scipion l'Africain, par sa mère, est mis à mort.

123. — Mithridate VII Eupator, surnommé le Grand, roi de Pont.

121. — Caïus Gracchus, frère de Tibérius, est mis à mort. La loi agraire est abolie à Rome.

113. — Les Cimbres et les Teutons, quittant les bords de la Baltique, ravagent les Gaules et l'Espagne.

112. — Guerre des Romains contre Jugurtha, roi des Numides; commencée par Métellus, elle fut achevée par Marius.

107. — Aristobule Ier, en succédant à son père Jean
Hyrcan, prend le titre de roi, qu'il ne peut
garder qu'une année.

106. — Jugurtha est livré aux Romains par Bocchus,
roi de Mauritanie, ce qui amène la fin de la
guerre.

102. — Marius défait les Ambrons et les Teutons, près
d'Aix ; l'année suivante, il anéantit les Cimbres dans les plaines de Verceil.

1er *Siècle.*

95. — Tigrane III, le Grand, roi d'Arménie.

91. — Guerre sociale ; elle dure trois ans.

88. — Rivalité de Marius et de Sylla.

82. — Sylla dictateur à Rome.

73. — Guerre des gladiateurs ; deux ans après, leur
chef Spartacus périt dans un combat contre
Crassus.

69. — Mithridate et Tigrane sont vaincus par Lucul-
lus, sous les murs de Tigranocerte.

65. — Mort de Mithridate VII Eupator, qui, depuis
26 ans, faisait la guerre aux Romains.

63. — La conjuration de Catilina est découverte par
Cicéron.

60. — Premier triumvirat formé entre Pompée, Crassus et César.

52. — César est tenu en échec par l'Arverne Vercingé-
torix.

49. — César franchit le Rubicon ; l'année suivante il
remporte la victoire de Pharsale sur Pompée.

45. — César prend le titre de dictateur perpétuel ; il
est assassiné en plein sénat l'année suivante
(le 15 mars).

43. — Second triumvirat formé entre Antoine, collègue de César, Octave, son neveu et son fils adoptif, et Lépide, son maître de cavalerie.

40. — Hérode le Grand, roi des Juifs.

31. — Bataille d'Actium ; Octave est vainqueur, Antoine s'enfuit en Egypte.

29. — Octave, rentrant à Rome, est proclamé Imperator ; deux ans après, on lui décerne le titre d'Auguste, sous lequel il est connu dans l'histoire.

15. — Drusus et Tibère, son frère, s'illustrent en Germanie.

6. — *Avant l'ère vulgaire.* — Naissance de Jésus-Christ.

> (*C'est par suite d'une erreur commise par Denys le Petit, chronologiste du VIe siècle, que l'ère vulgaire ne commence que la sixième année après la véritable époque de la naissance de Jésus-Christ.*)

§ II.

Chronologie moderne.

La chronologie moderne ne comprend que deux époques :

1° LES EMPEREURS ROMAINS ;

2° LES ROIS DE FRANCE.

Il n'en sera pas fait mention dans la nomenclature.

1er *Siècle après Jésus-Christ.*

4. — Cinna, petit-fils de Pompée, conspire contre Auguste, qui lui pardonne généreusement.

9. — Trois légions de Varus sont détruites à Teuto-
bourg par Hermann (Arminius), chef des Ché-
rusques.

14. — Mort d'Auguste; Tibère lui succède.

19. — Germanicus, vainqueur des Germains et des
Parthes, meurt en Syrie, empoisonné par Pison.

33. — Mort de Jésus-Christ sur la croix. — Martyre
de saint Etienne, premier diacre. — Conver-
sion de saint Paul.

37. — Tibère meurt. — L'insensé et cruel Caligula,
fils de Germanicus, lui succède.

41. — Caligula est assassiné; Claude Ier lui succède.—
Saint Pierre établit sa chaire à Rome et gouverne l'Eglise pendant vingt-cinq ans.

50. — Concile de Jérusalem assemblé par les apôtres.

54. — Néron, petit-fils de Germanicus, succède à
Claude.

64. — Incendie de Rome par Néron, qui ordonne la
première persécution contre les chrétiens.

68. — Néron se donne la mort; Galba lui succède.
Rome voit encore, la même année et l'année
suivante, trois autres empereurs : Othon, Vitellius et Vespasien.

70. — Titus, fils de Vespasien, auquel il succède neuf
ans après, prend Jérusalem et brûle le temple,
après un siége où périrent 1,100,000 Juifs.

81. — Domitien, frère de Titus, qui n'avait régné que
deux ans, et dernier des douze Césars, ordonne la deuxième persécution en 93.

2e *Siècle.*

107. — Troisième persécution sous Trajan, qui avait
succédé à Nerva en 98.

117. — Adrien, empereur.

138. — Antonin le Pieux, empereur.

161. — Marc Aurèle, empereur avec Lucius Vérus, qui ne règne que neuf ans. Il suscite la quatrième persécution, interrompue par le miracle de la Légion Fulminante, mais reprise trois ans après.

180. — Commode, fils de Marc Aurèle, est empereur. Après un règne de douze ans, il meurt empoisonné. Pertinax lui succède pour trois mois. — Didius Julianus achète l'empire qu'il garde soixante-cinq jours. Enfin Septime Sévère lutte pendant six ans contre plusieurs autres compétiteurs.

3e *Siècle.*

202. — Cinquième persécution, sous Septime Sévère, qui a pour successeur, en 211, ses fils Caracalla et Géta.

218. — Héliogabale succède, à 15 ans, à Macrin.

222. — Alexandre Sévère, empereur. Il permet aux chrétiens l'exercice de leur religion.

222. — Artaxercès Ier, ou Ardéchir, défait Artaban IV, dernier roi des Parthes, et fonde la puissante dynastie des Sassanides, rois de Perse.

235. — Maximin, soldat goth, élu empereur, ordonne la sixième persécution.

249. — Dèce monte sur le trône et ordonne la septième persécution.

257. — Huitième persécution, sous Valérien et Gallien son fils.

260. — Valérien meurt prisonnier de Sapor Ier, roi de
Perse ; Gallien règne seul. — Plus de trente
tyrans usurpent, sur différents points, la pour-
pre impériale.

268. — Claude II, empereur, appelé le Gothique, à
cause de ses victoires sur les Goths, auxquels
il tue plus de 300,000 hommes.

270. — Aurélien, empereur de basse extraction. Il soumet, en 272, Zénobie, reine de l'Orient, veuve
d'Odénat, roi de Palmyre, et, en 273, il ordonne la neuvième persécution.

284. — Dioclétien, empereur ; deux ans après, il s'as-
socie d'abord Maximien Hercule, sous le titre
d'Auguste, puis, en 292, deux Césars : Constance Chlore et Galère. — Ce fut à l'instigation de ce dernier qu'en 303, il ordonna la
dixième persécution qui fut la dernière, mais
la plus cruelle.

4e Siècle.

305. — Dioclétien et Maximien Hercule abdiquent ; les
deux Césars les remplacent.

306. — Constantin, fils de Constance Chlore, empereur.

325. — Premier concile général tenu à Nicée contre les
Ariens, qui rejetaient la divinité de Jésus-
Christ.

330. — Constantin transporte le siége de l'empire à
Byzance, nommé depuis Constantinople.

337. — Constantin meurt après avoir reçu le baptême ;
ses fils Constantin II, Constance II et Constant
lui succèdent.

361. — Julien l'Apostat succède à Constance; il ne règne que dix-huit mois.

379. — Théodose le Grand reçoit de Gratien le titre d'empereur d'Orient.

380. — Sapor II, roi de Perse, meurt après un règne de soixante-dix ans; ses successeurs sont peu remarquables jusqu'à Chosroès le Grand (531).

381. — Deuxième concile général tenu à Constantinople contre les Macédoniens, qui ne reconnaissaient pas la divinité de Jésus-Christ.

395. — Théodose meurt, laissant l'Orient à Arcadius, qui a Rufin pour ministre, et l'Occident à Honorius, sous la tutelle de Stilicon.

5e *Siècle.*

406. — Les Vandales, les Alains et les Suèves passent le Rhin et ravagent les Gaules. — L'année suivante, les Burgundes fondent, dans les Gaules, un royaume qui subsiste jusqu'en 534.

409. — Les Vandales, les Alains et les Suèves s'emparent de l'Espagne. Un an après, Alaric, roi des Visigoths, vient ravager Rome et meurt bientôt après.

415. — Ataulphe, beau-frère d'Alaric, et roi des Visigoths, envahit l'Espagne, détruit les Alains et repousse les Suèves jusque dans les montagnes du Nord.

420. — Pharamond, premier roi de France (chef des Francs), pénètre dans les Gaules.

428. — Clodion, successeur de Pharamond, règne à Tournay. — Le comte Boniface, disgracié par Placidie, se révolte contre Valentinien III, empereur d'Occident, et appelle les Vandales en Afrique.

431. — Troisième concile général, tenu à Ephèse, contre les Nestoriens, qui admettaient deux personnes en Jésus-Christ.

448. — Mérovée, roi de France; il donne son nom à la première race.

449. — Attila, roi des Huns, surnommé le Fléau de Dieu, commence ses incroyables invasions. — La même année, les Bretons sont forcés de s'établir dans l'Armorique, chassés de leur île par les Saxons, qu'ils avaient appelés contre les Pictes ou Calédoniens, et qui y établissent l'Heptarchie, définitivement constituée en 584.

451. — Quatrième concile général, tenu à Chalcédoine, contre Eutychès, qui ne reconnaissait qu'une nature en Jésus-Christ. — Bataille dans les champs Catalauniques, près de Châlons, où Attila est défait par Mérovée, roi de France, par Théodoric, roi des Visigoths, et par Aétius, général de Valentinien III. — L'année suivante, le pape saint Léon le Grand fléchit Attila, et trois ans après, Genséric, roi des Vandales.

455. — Vortigern, roi des Bretons; Hengist et Horsa, princes saxons, fondent le royaume de Kent, dans la Grande-Bretagne.

458. — Childéric Iᵉʳ, roi de France.

476. — Odoacre, roi des Hérules, s'empare de Rome et de Ravenne, détrône Romulus Augustule, et met fin à l'empire romain qui avait duré 506 ans depuis la bataille d'Actium, et 1229 depuis Romulus.

481. — Clovis Iᵉʳ, roi de France.

489. — Théodoric, roi des Ostrogoths, attaque Odoacre, le tue et règne sur l'Italie.

496. — Bataille de Tolbiac, gagnée sur les Germains par Clovis, qui se fait chrétien, et qui trois ans avant avait épousé sainte Clotilde, nièce de Gondebaud, roi de Bourgogne.

6e *Siècle.*

511. — Les quatre fils de Clovis lui succèdent : Childebert à Paris, roi de France ; Thierry à Metz, roi d'Austrasie ; Clodomir à Orléans, et Clotaire à Soissons.

534. — Le premier royaume de Bourgogne est détruit par Childebert et Clotaire, fils de Clovis, qui l'enlèvent à Gondemar. Il avait duré près d'un siècle.

Bélisaire, général de Justinien Ier, vainqueur de Gélimer, détruit l'empire des Vandales en Afrique.

553. — Cinquième concile général, tenu à Constantinople, contre trois fameux Nestoriens : Ibbas d'Edesse, Théodoret de Cyr et Théodore de Mopsueste.

Narsès, général de Justinien et successeur de Bélisaire, après avoir défait, à Nocéra, Totila, dernier roi des Ostrogoths, s'empare du royaume d'Italie.

558. — Clotaire Ier, seul maître de toute la monarchie, règne trois ans à Paris.

561. — Les quatre fils de Clotaire lui succèdent : Caribert ou Chérebert, roi de France, à Paris ; Sigebert, roi d'Austrasie, à Metz ; Chilpéric à Soissons; Gontran, roi de Bourgogne, à Orléans.

567. — Chilpéric Ier, roi de France, à la mort de Caribert. Ce règne est surtout fameux par l'animosité de Frédégonde, femme de Chilpéric, et de Brunehaut, femme de Sigebert. — Un an après, Alboïn, roi des Lombards, envahit toute l'Italie, à l'exception de Rome et de l'exarchat de Ravenne.

574. — Léovigilde, roi des Visigoths en Espagne, détruit le royaume des Suèves.

584. — Clotaire II, roi de France, à quatre mois ; mais Frédégonde gouverne. Il établit maire perpétuel du palais, en Bourgogne, Warnachaire, qui lui livre Brunehaut, en 613.

596. — Le pape saint Grégoire le Grand envoie en Angleterre le moine saint Augustin, qui devient l'apôtre de ce pays.

7° Siècle.

610. — Héraclius, proclamé empereur d'Orient, est pendant dix ans tenu en échec par Chosroès II.

622. — Hégyre, ère mahométane, commence le 16 juillet, jour où Mahomet s'enfuit de la Mecque à Médine.

628. — Dagobert Ier, roi de France ; il choisit des maires habiles, Pepin de Landen, Arnoul, Ega, saint Eloi.

632. — Mahomet meurt après avoir conquis toute l'Arabie ; son beau-père Abubeker lui succède sous le titre de Calife, à la place d'Ali.

638. — Clovis II, roi de France, premier roi fainéant ; puissance des maires du palais.

640. — Amrou, lieutenant d'Omar, deuxième calife, qui s'était emparé de la Syrie et de la Mésopotamie, prend Alexandrie et incendie la fameuse bibliothèque rassemblée par les Ptolémées.

655. — Les Musulmans, sous la conduite d'Ali et ensuite de Mohaviah, fondateur des Ommiades, ajoutent à leurs conquêtes Chypre, Rhodes, l'Arménie, etc.

656. — Clotaire III, roi de France, règne en Neustrie, sous la tutelle de sainte Bathilde.

670. — Childéric II, roi de France, succède à son frère Clotaire III, malgré les intrigues du maire Ebroïn, qui avait déjà persécuté saint Léger.

673. — Thierry Ier, roi de France. Pepin d'Héristal, qui l'a vaincu à Testry, gouverne réellement. — Constantin III voit les Sarrasins s'emparer de l'Asie Mineure ; le feu grégeois les éloigne de Constantinople.

680. — Sixième concile général, tenu à Constantinople, contre les Monothélites, qui n'admettaient qu'une volonté dans Jésus-Christ.

691. — Clovis III, roi de France. Pepin d'Héristal prend le titre de duc ou de prince des Français. — Le calife Abdel-Malek se rend maître de tout le pays qui s'étend depuis les Indes jusqu'à Carthage.

695. — Childebert II, roi de France.

697. — Paul Anafesto, premier doge de Venise, qui avait été fondée dès 452.

8e Siècle.

700. — Cracus, duc de Pologne, fonde Cracovie, sa capitale.

711. — Dagobert II, roi de France, ne peut ressaisir l'autorité que Pepin d'Héristal laisse à son fils Charles Martel. — Invasion des Maures en Espagne. Par suite de la bataille de Xérès, gagnée par Tarik, chef des Maures, sur Rodrigue, roi des Visigoths, les chrétiens vont, sous la conduite de Pélage, fonder le royaume des Asturies.

715. — Chilpéric II, roi de France, proclamé par les Neustriens. Charles Martel lui oppose Clotaire IV.

720. — Thierry II, roi de France.

726. — L'empereur d'Orient, Léon III, l'Isaurien, suscite la violente hérésie des Iconoclastes.

732. — Bataille entre Tours et Poitiers, où Abdérame, chef des Sarrasins, qui avaient été introduits en France par Eudes, duc d'Aquitaine, est tué par Charles Martel.

739. — Alphonse Ier, le Catholique, gendre de Pélage, chasse les Sarrazins de la Galice, de Léon et de la Castille.

742. — Childéric III, roi de France, après un interrègne de cinq ans, pendant lequel le royaume est gouverné par Pepin et Carloman, fils de Charles Martel.

750. — Aboul-Abbas et son frère Al-Manzor fondent le califat de Bagdad et la dynastie des Abbassides rivale de celle des Ommiades.

752. — Pepin le Bref, premier roi de la seconde race, dite des Carlovingiens. Deux ans après, appelé par le pape Etienne II contre Astolphe, roi des Lombards, qui avait mis fin à l'exarchat, Pepin reprend Ravenne et fait au Saint-Siége une donation qui fonde la puissance temporelle des papes.

756. — Abdérame, le dernier des Ommiades, fonde le royaume de Cordoue. — Constantin IV, Copronyme, gouvernait alors l'empire d'Orient.

768. — Charlemagne, roi de France.

774. — Charlemagne enlève à Didier le royaume d'Italie, qui avait duré deux cent six ans, et qu'il donne plus tard à son fils Pepin. Les années suivantes, il attaque les Sarrasins d'Espagne, subit un échec à Ronceveaux, où il perd son neveu Roland, et finit par soumettre, après neuf expéditions contre eux, les Saxons, commandés par Witikind.

787. — Septième concile général, tenu à Nicée, contre les Iconoclastes. — L'année précédente, Haroun-al-Raschid, calife de Bagdad, qui protégeait les arts et les sciences, avait envoyé à Charlemagne des ambassadeurs avec des présents.

797. — Irène, impératrice d'Orient, fait crever les yeux à son fils Constantin V, et s'empare de l'autorité.

9e *Siècle.*

800. — Charlemagne est proclamé empereur d'Occident par le pape Léon III, qui le couronne lui-même, à Rome, le jour de Noël.

814. — Louis Ier, le Débonnaire, roi de France et empereur d'Occident.

827. — Egbert, roi de Wessex, met fin à l'heptarchie, et fonde ainsi le royaume d'Angleterre.

840. — Charles Ier, le Chauve, roi de France, et dans la suite empereur d'Occident. — L'année suivante, bataille sanglante de Fontenay entre

les fils de Louis le Débonnaire, qui est gagnée par Charles le Chauve et Louis le Germanique, sur leur frère Clotaire Ier, empereur.

842. — Piast, simple paysan, ouvre la deuxième dynastie des rois de Pologne ; la première est peu connue.

857. — Les Normands, qui avaient commencé à paraître en France vers 800, enhardis par l'impunité, prennent Nantes, Bordeaux, Tours, Orléans et assiégent Paris, d'où Charles les éloigne à prix d'or.

Photius, placé sur le siége patriarcal de Constantinople par Michel III, l'Ivrogne, suscite le schisme des Grecs.

860. — Garcias Ximénès, comte de Navarre, prend le titre de roi.

862. — Rurick, le Normand, chef des Varègues, appelé par les Novogorodiens, jette les fondements de l'empire de Russie.

869. — Huitième concile général, tenu à Constantinople contre Photius.

871. — Alfred Ier, le Grand, petit-fils d'Egbert, illustre le trône, après avoir battu complétement les Danois.

877. — Louis II, le Bègue, roi de France, succède à Charles le Chauve, qui n'avait été proclamé empereur d'Occident que deux ans auparavant, à la mort de son neveu, Louis II, le Jeune.

879. — Louis III et Carloman, rois de France. — Boson, beau-frère de l'empereur Charles le Chauve, se fait proclamer roi d'Arles et de Provence.

884. — Charles II, le Gros, empereur, est élu roi de
France au préjudice de Charles III, fils posthume de Louis le Bègue. C'est le septième et
dernier empereur d'Occident. — L'année suivante, les Normands viennent assiéger Paris ;
Charles le Gros conclut avec eux un traité
déshonorant.

888. — Eudes, roi de France. — Arnould, premier roi
de Germanie ; Bérenger, roi d'Italie, qui a
pour compétiteurs Guy de Spolète et Louis
d'Arles ; Rodolphe Ier, roi de Bourgogne trans-
jurane. — Borziwoy, duc de Bohême, embrasse le christianisme.

898. — Charles III, le Simple, roi de France. Ce fut
l'année suivante que les Hongrois, sous la conduite d'Arpad, s'établirent dans la Pannonie.

10e *Siècle*.

900. — Alfred le Grand laisse le trône d'Angleterre à
Edouard l'Ancien, dont la fille Ogine épouse
Charles le Chauve.

908. — Obéid-Allah fonde, en Afrique, la dynastie des
Fatimites, qui, plus tard, régna deux cents
ans sur l'Egypte.

912. — Rollon, chef des Normands, reçoit la Neustrie
de Charles le Simple.

919. — Henri Ier, l'Oiseleur, duc de Saxe, succède,
comme empereur d'Allemagne, à Conrad Ier,
de Franconie. L'Allemagne lui doit ses premières institutions.

923. — Raoul, roi de France, après avoir fait déposer
Charles le Simple, parvient au trône par les
suffrages de son beau-frère Hugues le Grand.

930. — Rodolphe II, qui avait pris le titre de roi d'Italie, réunit les deux royaumes de Bourgogne ou royaume d'Arles.

936. — Louis IV, d'Outre-mer, roi de France. — Othon Ier, le Grand, empereur d'Allemagne.

954. — Lothaire, fils de Louis IV, roi de France, sous la tutelle de Hugues le Grand et de Hugues Capet.

962. — Par la défaite de Bérenger II, Othon Ier réunit le royaume d'Italie à l'empire d'Allemagne.

965. — Miécislas Ier, ou Miesko, duc de Pologne, embrasse le christianisme avec son peuple.

986. — Louis V, le Fainéant, fils de Lothaire, roi de France. Avec lui s'éteint la seconde race, qui avait duré deux cent trente-six ans.

987. — Hugues Capet, premier roi de la troisième race, dite des Capétiens.

989. — Wladimir, grand-duc de Russie, se fait chrétien, mais il embrasse le schisme des Grecs.

996. — Robert le Pieux, fils de Hugues Capet, roi de France. — Olaüs Ier, roi de Norwége, y introduit le christianisme.

11e *Siècle.*

1000. — Boleslas, le Grand, qui a déjà illustré le trône de Pologne, reçoit le titre de roi, d'Othon III, empereur d'Allemagne. — Saint Étienne, duc de Hongrie, reçoit le titre de roi, de Sylvestre II (Gerbert), premier pape français, monté sur le trône pontifical l'année précédente.

1002. — Henri II, empereur d'Allemagne, couronné en 1014.

1014. — Canut, le Grand, roi dé Danemark, puis roi d'Angleterre, en 1017, et enfin roi de Norwége, en 1028. — Conrad II, le Salique, de la maison de Franconie. Quelques années plus tard, il acquiert la Bourgogne et la Provence, en vertu de la donation de Rodolphe III.

1027. — Origine du comté de Savoie. — Mahmoud fait fleurir la dynastie des Gaznévides en Perse et dans l'Hindoustan.

1031. — Henri Ier, fils de Robert, roi de France.

1035. — Partage des Etats de Sanche III, le Grand, roi de Navarre, entre ses fils, Garcias qui règne en Navarre, Ferdinand Ier, le Grand, en Castille, et Ramire Ier, en Aragon.

1037. — Thogroul-Beg, petit-fils de Seldjouk, fonde la dynastie des Seldjoucides, met fin au règne des Bouides de Perse, et conquiert tout le pays qui est entre la Méditerranée et les Indes.

1041. — La trève du Seigneur en France.

1042. — Guillaume Bras de Fer et les onze autres fils de Tancrède de Hauteville, gentilshommes normands, conquièrent la Pouille et la Calabre.

1053. — Michel Cérulaire, patriarche de Constantinople, consomme le grand schisme grec commencé par Photius.

1060. — Philippe Ier, âgé de huit ans, roi de France, sous la régence du sage Baudouin, comte de Flandre. — Robert Guiscard, frère de Guillaume Bras de Fer, duc de Pouille et de Calabre. L'année suivante, son douzième frère, Roger, chasse les Sarrazins de la Sicile.

et après vingt-quatre ans de combats il en devient le Grand-Comte.

1066. — Bataille de Hastings, gagnée sur Harold II, par Guillaume le Conquérant, duc de Normandie, qui devient roi d'Angleterre.

1073. — Le pape Grégoire VII commence avec l'empereur Henri IV la querelle des investitures. — Alphonse VI, roi de Castille, pour qui le Cid conquit, sur les Maures, le royaume de Tolède.

1087. — Guillaume le Conquérant meurt dans une expédition contre Philippe Ier.

1095. — Première croisade décidée au concile de Clermont, par Urbain II, à l'instigation de Pierre l'Ermite. Alexis Comnène était alors empereur d'Orient. — Henri de Bourgogne, au service d'Alphonse VI, reçoit le titre de comte héréditaire de Portugal.

1099. — Prise de Jérusalem par le chef des croisés, Godefroy de Bouillon, qui en est proclamé roi.

12e *Siècle.*

1108. — Louis VI, le Gros, roi de France.

1109. — Uraque, fille d'Alphonse VI, le Vaillant, roi de Castille, transporte son vaste héritage à Alphonse Ier, roi d'Aragon et de Navarre, surnommé le Batailleur, parce qu'il assista à vingt-neuf combats.

1115. — La princesse Mathilde lègue au pape Pascal II la Toscane et la Lombardie, ce qui occasionne une longue dispute entre les papes et l'empereur Henri V.

1119. — Commencement des guerres entre la France et l'Angleterre. Bataille de Brenneville, où Louis VI, le Gros, est battu par Henri Ier, troisième fils de Guillaume le Conquérant.

1122. — Neuvième concile général, premier de Latran, pour le rétablissement de la discipline.

1124. — Louis VI, le Gros, à la tête des milices des communes affranchies, repousse Henri Ier, roi d'Angleterre, et Henri V, empereur d'Allemagne.

1130. — Roger II, qui régnait sur la Sicile, étend tellement ses Etats qu'il prend le titre de roi des Deux-Siciles.

1137. — Louis VII, le Jeune, roi de France. — Conrad III, de Hohenstaufen, seigneur de Waiblingen (Gibelin), l'emporte sur Henri le Superbe, neveu de Welf ou Guelf II, duc de Bavière ; de là les Guelfes et les Gibelins, qui divisèrent l'Allemagne et surtout l'Italie pendant plusieurs siècles.

1139. — Bataille d'Ourique, à la suite de laquelle Alphonse Henriquez, vainqueur de cinq rois maures, est proclamé roi par ses troupes. — Dixième concile général, deuxième de Latran, contre les schismatiques.

1147. — Deuxième croisade, suscitée par le pape Eugène III, prêchée par saint Bernard, dirigée par Louis VII et Conrad III. — L'abbé Suger, régent du royaume de France. — Manuel Comnène, empereur d'Orient.

1154. — Henri II succède à Etienne en Angleterre ; il est la tige de la dynastie des Plantagenets.

1157. — Saint Éric, roi de Suède, et Waldémar, roi de Danemark, font fleurir le christianisme dans leurs Etats.

1171. — Henri II, roi d'Angleterre, qui avait fait périr, l'année précédente, saint Thomas de Cantorbéry, achève la conquête de l'Irlande, sur laquelle l'Angleterre a toujours fait peser un joug de fer. — Le grand Saladin, fils d'Ayoub, met fin à la dynastie des Fatimites. — L'année suivante, l'Espagne passe des Almoravides aux Almohades, déjà maîtres de l'Afrique.

1179. — Onzième concile général, troisième de Latran, contre les Vaudois.

1180. — Philippe II, Auguste, roi de France. — Parme et Plaisance se constituent en république.

1187. — Saladin gagne la bataille de Tibériade, prend Jérusalem, détrône Guy de Lusignan, et ébranle ce royaume, qui avait déjà duré quatre-vingt-huit ans.

1189. — Troisième croisade, sous le pape Clément III, prêchée par Guillaume de Tyr, dirigée par Philippe Auguste, roi de France, Richard Cœur de Lion, roi d'Angleterre, et Frédéric Barberousse, empereur d'Allemagne; Isaac l'Ange était alors empereur d'Orient.

1197. — La famille des Khovaresmiens renverse celle des Seldjoucides, en Perse.

13e Siècle.

1202. — Quatrième croisade, sous le pape Innocent III, prêchée par Foulques de Neuilly, commandée par Baudouin, comte de Flandre, Boniface,

marquis de Montferrat, et Dandolo, doge de
Venise.

1204. — Baudouin, premier empereur latin de Constantinople. — Théodore Lascaris, empereur grec
de Nicée. — Alexis Comnène, empereur de
Trébizonde.

1209. — Gengis-Khan, chef tartare, commence le grand
empire des Mogols, qui s'étendait de Tauris à
Pékin, lorsqu'il le partagea entre ses quatre
fils, en 1227.

1212. — Bataille de Las-Navas-de-Tolosa, gagnée sur
les Maures par Alphonse IX, roi de Castille,
Pierre II, roi d'Aragon, et Sanche VII, roi
de Navarre.

1214. — Bataille de Bouvines, gagnée par Philippe Auguste sur Othon IV, empereur d'Allemagne,
Ferrand, comte de Flandre, et Jean sans
Terre, roi d'Angleterre. Ce dernier est forcé
l'année suivante de signer la Grande Charte
d'Angleterre. — Ce fut aussi en cette dernière
année (1215), que fut tenu le deuxième concile général, quatrième de Latran, contre les
Albigeois.

1217. — Cinquième croisade, dirigée par Jean de Brienne,
roi titulaire de Jérusalem.

1223. — Louis VIII, le Lion, roi de France. — Guerre
contre les Albigeois.

1226. — Louis IX, le Saint, roi de France, sous la tutelle de Blanche de Castille, sa mère. — Vers
ce temps, Manco-Capac, chef de la race des
Incas, fondait l'empire du Pérou.

1230. — Ferdinand III, le Saint, roi de Castille et de
Léon, réunit pour toujours ces deux royaumes.

1242. — Bataille de Taillebourg, gagnée par saint Louis
      sur Henri III, roi d'Angleterre.— Batu-Khan,
      petit-fils de Gengis-Khan, ravage la Hongrie.
1245. — Treizième concile général, premier de Lyon,
      contre Frédéric II.
1248. — Sixième croisade, sous le pape Innocent IV,
      dirigée par saint Louis, qui fut fait prisonnier
      à la Massoure. — Pendant son absence, la
      France est ravagée par les Pastoureaux.
1254. — Noureddin, chef des Mamelouks, renverse la
      dynastie des Ayoubites, en Egypte ; les Ma-
      melouks conservent ce pays jusqu'en 1517.
1258. — Houlougou, petit-fils de Gengis-Khan, se rend
      maître de Bagdad et tue Mostasem, le dernier
      des califes Abbassides.
1261. — Michel Paléologue enlève Constantinople à
      Baudouin II et met fin à l'empire latin.
1266. — Charles d'Anjou, frère de saint Louis, est élu
      roi de Naples, et fait décapiter le jeune Con-
      radin, son neveu et son compétiteur.
1270. — Septième et dernière croisade, par saint Louis,
      qui meurt sous les murs de Tunis. — Phi-
      lippe III, le Hardi, roi de France.
1273. — Après dix-neuf ans d'anarchie, Rodolphe de
      Habsbourg est élu empereur d'Allemagne.
1274. — Quatorzième concile général, deuxième de Lyon,
      pour la réunion des Eglises grecque et latine.
1279. — Koublaï-Khan, petit-fils de Gengis-Khan, ren-
      verse la vingtième dynastie chinoise et pro-
      tége les sciences et l'agriculture.
1282. — Vêpres siciliennes. La Sicile se donne à Pierre
      III d'Aragon.
1285. — Philippe IV, le Bel, roi de France et de Navarre.

1291. — Saint-Jean d'Acre, dernier refuge des chrétiens
en Orient, est pris par les Mamelouks d'Egypte.
1295. — Othman, chef d'une tribu turque, jette, à Ko-
nieh, les fondements de l'empire ottoman.

14ᵉ *Siècle.*

1302. — Philippe IV convoque la première assemblée
nationale qui prit le nom d'Etats-Généraux.
1304. — Bataille de Mons-en-Puelle, gagnée par Philippe IV sur les Flamands.
1307 — Les trois cantons d'Uri, Schwitz et Unterwald
secouent le joug d'Albert Iᵉʳ, empereur d'Allemagne.
1309. — Clément V transporte le siége pontifical à Avi-
gnon, où il restera jusqu'en 1377.
1311. — Quinzième concile général tenu à Vienne, en
Dauphiné; on y abolit l'ordre des Templiers.
1314. — Louis X, le Hutin, roi de France et de Navarre.
1316. — Jean Iᵉʳ, Posthume, roi de France et de Navarre.
Philippe V, le Long, roi de France et de Navarre.
1322. — Charles IV, le Bel, roi de France et de Navarre.
1328. — Philippe VI, de Valois, petit-fils de Philippe le
Hardi, roi de France. — Jeanne II, fille de
Louis le Hutin, hérite de la Navarre. — Louis
de Gonzague à Mantoue; sa dynastie subsiste jusqu'en 1708.
1333. — Casimir IV, le Grand, agrandit la Pologne aux
dépens de la Russie; en lui finit, en 1370, la
dynastie des Piast, qui régnait depuis cinq
cents ans.
1340. — Bataille de Tarifa, gagnée sur les Maures par
Pierre IV, roi d'Aragon, Alphonse XI, roi de
Castille, et Alphonse IV, roi de Portugal.

1346. — Bataille de Crécy, gagnée sur Philippe VI, de Valois, par Edouard III, roi d'Angleterre, qui avait commencé en 1327 un règne de cinquante ans.

1347. — Conjuration de Rienzi, à Rome.

1350. — Jean II, le Bon, roi de France.

1356. — Bataille de Poitiers, où Jean II est fait prisonnier par le prince de Galles (le Prince Noir), fils d'Edouard III.

1358. — La France est livrée à l'anarchie ; Charles le Mauvais, roi de Navarre, le prévôt Marcel, les Grandes Compagnies, la Jacquerie, les Anglais, etc.

1364. — Charles V, le Sage, roi de France. — Duguesclin remporte la victoire à Cocherel et continue, les années suivantes, ses exploits sur Charles le Mauvais, sur Pierre le Cruel, roi de Castille, et sur les Anglais qui n'ont bientôt plus que cinq villes en France.

1368. — La dynastie des Mongols Gengiskhanides est enfin chassée par la dynastie chinoise des Mings.

1370. — Tamerlan, chef mongol, fonde à Samarkand, sur les débris de l'empire de Gengis-Khan, un nouvel empire non moins puissant.

1378. — Grand schisme d'Occident qui dura soixante-dix-huit ans.

1380. — Charles VI, le Bien-Aimé, roi de France.

1382. — Bataille de Rosbecque, gagnée par le connétable Olivier de Clisson sur le brasseur Philippe Artevel, chef des Flamands révoltés contre leur comte.

1386. — Jagel, duc de Lithuanie et chef de la dynastie

des Jagellons, monte sur le trône de Pologne.
— Bataille de Sempach, qui assure l'indépendance des cantons suisses.

1389. — Amurat Ier, créateur des Janissaires et vainqueur dans trente-sept batailles, laisse ses vastes Etats à son fils Bajazet Ier.

1397. — Union de Calmar, par suite de laquelle, après la bataille de Falkœping, Marguerite de Waldemar, surnommée la Sémiramis du Nord, forme un seul royaume de la Norwége, du Danemark et de la Suède.

1399. — Henri de Lancastre succède à la maison de Plantagenet, en Angleterre.

15e *Siècle.*

1402. — La victoire d'Ancyre livre Bajazet à Tamerlan, qui meurt peu après.

1407. — Jean sans Peur, duc de Bourgogne, fait assassiner le duc d'Orléans, frère du roi. — Les Bourguignons et les Armagnacs désolent la France.

1414. — Seizième concile général, tenu à Coustance, contre Jean Hus et Jérôme de Prague.

1415. — Bataille d'Azincourt, gagnée par Henri V, roi d'Angleterre, sur le connétable d'Albret.

1419. — L'assassinat de Jean sans Peur par Tanneguy-Duchâtel, à Montereau, amène, l'année suivante, l'odieux traité de Troyes, qui livre la France aux Anglais.

1422. — Charles VII, le Victorieux, roi de France, entreprend de reconquérir son royaume à l'aide de La Hire, Xaintrailles, Dunois, La Trémoille, etc. — Henri VI est proclamé roi de

France et d'Angleterre. — Guerre des deux Roses, la Rose rouge (Lancastre), la Rose blanche (York).

1429. — Jeanne d'Arc fait lever le siége d'Orléans, gagne la bataille de Patay sur Talbot, général anglais, fait sacrer Charles VII à Reims et est brûlée vive à Rouen par les Anglais (le 30 mai 1431).

1431. — Dix-septième concile général, tenu à Bâle pour la pacification de l'Eglise en Allemagne.

1438. — La maison d'Autriche monte sur le trône impérial avec Albert II, successeur de Sigismond.

1442. — Alphonse V, le Magnanime, roi d'Aragon et de Sicile, s'empare de Naples et réunit ainsi les trois royaumes.

1450. — Scanderberg, le héros de l'Albanie, s'illustre par vingt-trois ans de victoires sur les Turcs.

453. — Prise de Constantinople par Mahomet II, sultan des Turcs, sur Constantin XII, Dracosès Paléologue, qui périt les armes à la main.

1456. — Jean Huniade, vaïvode de Transylvanie, et, deux ans plus tard, son fils Mathias Corvin protégent les chrétiens contre les Turcs.

1461. — Louis XI, roi de France. Ligue du Bien Public. — Edouard IV, de la branche d'York, monte sur le trône d'Angleterre, après avoir vaincu à Northampton, de concert avec le comte de Warwick, Marguerite d'Anjou, femme de Henri VI.

1477. — Charles le Téméraire, duc de Bourgogne, après avoir été défait à Granson et à Morat par les Suisses, se fait tuer au siége de Nancy.

1479. — Ferdinand V, le Catholique, marié depuis cinq ans avec Isabelle, héritière de Castille, porte enfin les couronnes de Castille, d'Aragon, de Grenade et de Sicile.

1481. — Ivan III, Vasiliéwitch, délivre la Russie du joug des Tartares, et commence la civilisation de ses sujets. — Les Médicis, ayant pour chef Laurent le Magnifique, deviennent de plus en plus puissants à Florence, où ils dominent depuis 1421.

1483. — Charles VIII, l'Affable, roi de France. — Richard III, duc de Glocester, devient roi d'Angleterre en faisant étouffer les deux fils de son frère Edouard IV.

1492. — Découverte de l'Amérique par le Génois Christophe Colomb. — Ferdinand le Catholique et Isabelle chassent les Maures de Grenade et anéantissent leur domination en Espagne. — L'année suivante, Maximilien Ier devient empereur d'Allemagne.

1495. — Charles VIII, un instant maître de Naples, gagne la bataille de Fornoue sur les Milanais, qui s'opposent à sa retraite. — Emmanuel Ier, le Très-Heureux, roi de Portugal. — Deux ans après, Vasco de Gama double le cap de Bonne-Espérance.

1498. — Louis XII, le Père du peuple, roi de France.

1499. — Schah Ismaël s'empare du trône de Perse sur les descendants de Tamerlan et fonde la dynastie des Sophis.

16e *Siècle*.

1503. — Mort du pape Alexandre VI, Borgia. — Gonzalve de Cordoue gagne sur les Français les batailles de Seminara, de Cérignole et du Garigliano, malgré la valeur extraordinaire de Bayard.

1505. Babour, descendant de Tamerlan, fonde dans les Indes l'empire mogol des Indes, dit du Grand-Mogol.

1508. — Ligue de Cambrai, formée contre Venise, entre le pape Jules II, Louis XII, Maximilien Ier et Ferdinand V. — Bataille d'Agnadel.

1513. — La France est attaquée au nord par Henri VIII et Maximilien, vainqueurs à Guinegate, à l'est par les Suisses, qui reprennent le Milanais, et au sud par l'Italie et l'Espagne. — Le pape Léon X restaurateur des lettres. — La Suisse comprend treize cantons.

1515. — François Ier, roi de France. Il triomphe des Suisses à Marignan.

1516. — Mort de Ferdinand le Catholique; il a pour héritier Charles-Quint, fils de Philippe d'Autriche. — Paix perpétuelle entre la France et la Suisse.

1517. — Luther commence à dogmatiser. — Sélim Ier, sultan des Turcs, s'empare de l'Egypte, dont les Mamelouks étaient maîtres depuis près de trois siècles.

1519. — Par la mort de Maximilien Ier, son aïeul paternel, Charles-Quint devient empereur d'Allemagne et souverain des Pays-Bas. — Le Mexique est conquis à l'Espagne par Fernand Cortez.

1523. — Gustave Ier, Wasa, après avoir secoué le joug de Christian II, roi de Danemark, est élu roi de Suède.

1525. — Bataille de Pavie, où François Ier perd la liberté.

1526. — Sorti de prison, François Ier recommence la guerre en Italie, où le connétable de Bourbon, général de Charles-Quint, saccage Rome.

1530. — Confession d'Augsbourg, rédigée par Mélanchthon.

1533. — Calvin en France. — Ivan IV, le Terrible, prend le titre de czar de Russie. — Saint Ignace de Loyola, fondateur des Jésuites.

1534. — Henri VIII, roi d'Angleterre depuis 1509, se déclare chef de l'Eglise anglicane.

1537. — Cosme de Médicis, premier grand-duc de Toscane.

1542. — Saint François Xavier porte la foi dans l'Inde et au Japon nouvellement découvert.

1545. — Dix-huitième concile général ouvert à Trente, par le pape Paul III, et terminé, en 1563, sous le pape Pie IV. — Pierre-Louis Farnèse, fils légitime du pape Paul III (Alexandre Farnèse), premier duc de Parme et de Plaisance.

1547. — Henri II, roi de France. — Edouard VI, roi d'Angleterre. — Après la conjuration de Fiesque, André Doria refuse la souveraineté que lui offraient les Génois.

1556. — Charles-Quint abdique; Ferdinand Ier, son frère, est empereur d'Allemagne, roi de Bohéme et de Hongrie; l'Espagne et ses autres États passent à son fils Philippe II, qui épouse Marie, reine d'Angleterre.

1558. — Elisabeth, fille de Henri VIII et de Anne de Boleyn, reine d'Angleterre. — Marie Stuart, reine d'Ecosse, épouse le dauphin François.

1559. — Henri II laisse trois fils qui règnent successivement : François II, 1559; Charles IX, 1560 ; Henri III, 1574.

1560. — Conjuration d'Amboise. — Akbar, grand-mogol aux Indes.

1569. — Le duc d'Anjou (Henri III) gagne la bataille de Jarnac sur les huguenots, commandés par le prince de Condé, et celle de Montcontour sur l'amiral Coligny. — Cruautés du duc d'Albe dans les Pays-Bas. Guillaume de Nassau-Orange lui résiste.

1572. — Massacre de la Saint-Barthélemy, ordonné par Charles IX et Catherine de Médicis, sa mère.

1574. — Henri III, roi de France. Il avait succédé quelques mois auparavant à Sigismond II, dernier roi de Pologne, de la famille des Jagellons.

1576. — La Ligue en France.

1579. — République des sept Provinces-Unies, décidée à Utrecht. Guillaume d'Orange est premier stathouder.

1580. — Philippe II ajoute à ses vastes États le Portugal, après la mort du roi Henri, le Cardinal, qui avait hérité, deux ans auparavant, de son petit-neveu Sébastien, tué à la bataille d'Alcaçar-Quivir contre les Maures.

1585. — Le pape Sixte-Quint succède à Grégoire XIII. — Au Japon, le Koubo (empereur temporel) réunit à son autorité celle du Daïri (empereur spirituel).—La guerre des Trois-Henri désole la France.

1587. — Bataille de Coutras, gagnée par Henri de Navarre sur Joyeuse, qui y périt. — Elisabeth fait décapiter Marie Stuart.

1588. — Destruction de l'Armada, envoyée par Philippe II, roi d'Espagne, contre Elisabeth d'Angleterre.

1589. — Henri IV, roi de France et de Navarre ; il bat Mayenne à Arques et à Ivry (1590) ; abjure le protestantisme (1593) ; entre à Paris (1594) ; soumet Mayenne (1596) et révoque l'édit de Nantes (1598).

1590. — Abbas le Grand, souverain du Khorassan, s'empare de la Perse.

1598. — Paix de Vervins, entre Henri IV et Philippe II. Fédor Ier, dernier czar de la race de Rurik, est empoisonné et remplacé par son beau-frère Godunow.

17ᵉ *Siècle.*

1603. — Jacques VI, fils de Marie Stuart, roi d'Ecosse depuis 1567, réunit à sa couronne celle d'Angleterre, sous le nom de Jacques Iᵉʳ.

1610. — Louis XIII, le Juste, roi de France sous la régence de Marie de Médicis sa mère. — L'année suivante, Gustave-Adolphe monte sur le trône de Suède.

1613. — Après quinze ans de lutte, les Russes élisent Michel Romanow, tige d'une maison qui règne cent cinquante ans.

1618. — Commencement de la guerre de Trente ans (1618-1648), où se distinguent principalement Wallenstein et Tilly, généraux de l'empereur Ferdinand II.

1625. — Charles Ier, roi d'Angleterre.

1628. — Le cardinal de Richelieu fait le siége de La Rochelle, boulevard des protestants.

1632. — Gustave-Adolphe, roi de Suède, après avoir remporté sur les Impériaux une suite éclatante de victoires, meurt victorieux à la bataille de Lutzen. Sa fille Christine lui succède.

1640. — Jean IV, duc de Bragance, enlève à Philippe IV le Portugal, soumis à l'Espagne depuis soixante ans.

1643. — Louis XIV, roi de France. Régence d'Anne d'Autriche, sa mère. Ministère du cardinal Mazarin. Victoire de Rocroy par le duc d'Enghien (le grand Condé) sur les Espagnols. — L'année suivante, les Tartares Mandchoux s'emparent de la Chine et y fondent une dynastie qui règne encore aujourd'hui.

1648. — La Fronde éclate. Traité de Westphalie qui termine la guerre de Trente ans. L'indépendance de la Suisse et des Provinces-Unies est reconnue.

1649. — Charles Ier, roi d'Angleterre, périt sur l'échafaud. Trois ans après, Olivier Cromwell est reconnu chef de l'État sous le nom de Protecteur.

1652. — Après avoir battu le maréchal d'Hocquincourt à Gien, Condé, chef des mécontents, est défait à Blénau et à la porte Saint-Antoine par Turenne. L'année suivante, Mazarin triomphe de la Fronde.

1659. — Traité des Pyrénées, qui assure à la France le Roussillon, presque tout l'Artois et une partie de la Flandre, et par suite duquel

Louis XIV épouse Marie-Thérèse , fille de Philippe IV. — Aureng-Zeyb, grand-mogol, détrône son père et règne 48 ans à Delhi.

1660. — Charles II est rétabli par le général Monk sur le trône d'Angleterre. — L'année suivante, Mazarin meurt. Colbert, puis Louvois deviennent ministres de Louis XIV.

1672. — Louis XIV passe le Rhin et entre en Hollande, dont Guillaume III vient d'être nommé stathouder.

1675. — Turenne ravage l'Allemagne ; il est tué à Sasbach.

1678. — Paix de Nimègue, par suite de laquelle la Franche-Comté est réunie à la France. Ce fut alors que Louis XIV reçut le surnom de Grand.

1682. — Bossuet rédige les quatre propositions de l'Eglise gallicane.

1683. — Jean Zobiesky, roi de Pologne, venant au secours de l'empereur Léopold Ier, délivre Vienne qu'assiégeaient les Turcs, conduits par Kara-Moustapha.— Duquesne, que, dans la guerre de 1672, Louis XIV avait opposé à Ruyter, amiral hollandais, bombarde Alger pour la deuxième fois.

1685. — Révocation de l'édit de Nantes.

1686. — Ligue d'Augsbourg contre la France. — L'année suivante, la couronne de Hongrie est déclarée héréditaire dans la maison d'Autriche.

1688. — Guillaume III, stathouder de Hollande, se fait proclamer roi d'Angleterre. Jacques II, son beau-frère, se réfugie auprès de Louis XIV.— L'année suivante, Pierre Ier, le Grand, devient seul maitre de toutes les Russies, par la retraite de son frère Ivan, et par l'emprisonnement de sa sœur Sophie.

1690. — Luxembourg gagne la bataille de Fleurus sur Guillaume-Frédéric, comte de Waldeck, puis celle de Steinkerque (1692), et celle de Nerwinde (1693), sur Guillaume III d'Orange. Catinat bat Victor-Amédée duc de Savoie à Staffarde, puis à Marsaille (1693).

1692. — Sous les ordres de Louis XIV, Vauban prend Namur que défendait le Hollandais Cohorn. — La flotte française commandée par Tourville est presque complétement détruite par les flottes combinées de l'Angleterre et de la Hollande.

1697. — Charles XII, roi de Suède.—Paix de Ryswich, qui coûte plusieurs sacrifices à la France.

1699. — Traité de Carlowitz, qui ne laisse aux Turcs en Hongrie que Belgrade et le comté de Temeswar.

18ᵉ *Siècle*.

1700. — Charles XII bat Frédéric IV, roi de Danemark, et Pierre le Grand ; il chasse Auguste II, et place sur le trône de Pologne Stanislas Leckzinski.—Charles II lègue la couronne d'Espagne à Philippe V, petit-fils de Louis XIV.

1701. — Guerre de la succession d'Espagne qui dure jusqu'en 1713. — Frédéric, électeur de Brandebourg, premier roi de Prusse.

1707. — Bataille d'Almanza, où les Anglais et les Portugais sont défaits par le maréchal de Berwick. —Anne, qui avait succédé, en 1702, à Guillaume III, réunit définitivement l'Ecosse à l'Angleterre, sous le nom de Grande-Bretagne.

1708. — Eugène et Marlborough, vainqueurs du duc de Vendôme, à Oudenarde.

1709. — Charles XII est entièrement défait à Pultawa par Pierre le Grand. — Défaite de Villars à Malplaquet.

1710. — Par la victoire de Villaviciosa, Vendôme assure l'Espagne à Philippe V.

1712. — Villars, en gagnant la bataille de Denain sur le prince Eugène, sauve la France d'une invasion.

1713. — Paix d'Utrecht.

1714. — Georges Ier, de Brunswick-Hanovre, succède à Anne, reine d'Angleterre.

1715. — Louis XV, arrière-petit-fils de Louis XIV, roi de France, sous la malheureuse régence du duc d'Orléans.

1717. — Les batailles de Péterwaradin et de Belgrade, gagnées par le prince Eugène sur le grand vizir d'Achmet III, préparent le traité de Passarowitz, qui met l'empereur Charles VI en possession de Belgrade, de Témeswar, de la Valachie et d'une partie de la Servie.

1718. — La Quadruple Alliance (France, Angleterre, Autriche et Hollande), formée à Londres, force, l'année suivante, Philippe V, roi d'Espagne, à renvoyer son ministre le cardinal Albéroni.

1720. — Victor-Amédée, duc de Savoie, prend le titre de roi de Sardaigne, pour abdiquer dix ans plus tard.

1727. — Georges II, roi d'Angleterre.

1736. — La Corse, soulevée contre Gênes, proclame le roi éphémère Théodore Ier (Neuhof). — Conquêtes de Thamas-Kouli-Khan (Nadir-Schah) en Perse et dans l'Indoustan.

1740. — Benoît XIV, pape. — Frédéric II, le Grand, roi de Prusse.—Marie-Thérèse, impératrice d'Autriche. — L'année suivante, guerre de la succession d'Autriche.— Elisabeth, fille de Pierre le Grand, impératrice de Russie.

1745. — Le maréchal de Saxe triomphe à Fontenoy, pendant que Labourdonnais et Dupleix étendent nos possessions dans l'Inde. —François de Lorraine, époux de Marie-Thérèse, obtient enfin le titre d'empereur.

1746. — Ferdinand VI, fils de Philippe V, roi d'Espagne. Bataille de Culloden,où le prétendant Charles-Edouard, fils de Jacques III (le chevalier de Saint-Georges), éprouve une déroute complète.

1748. — Le traité d'Aix-la-Chapelle met fin à la guerre.

1756. — Guerre de Sept ans entre la Prusse et l'Autriche; Frédéric le Grand, longtemps battu, triomphe enfin à Rosbach, l'année suivante.

1759. — Charles III, déjà roi de Sicile, succède en Espagne à son frère Ferdinand VI. — L'année suivante, Georges III, roi d'Angleterre.

1762. — Catherine II, impératrice de Russie; elle dépose son époux Pierre III, et place sur le trône de Pologne Stanislas Poniatowski (1764).

1765. — Joseph II succède à son père, François Ier; mais Marie-Thérèse continue à gouverner l'empire.

1767. — Les Génois cèdent la Corse aux Français. Napoléon le Grand y naît l'année suivante.

1772. — Premier démembrement de la **Pologne**, entre Catherine II (Russie), Joseph II (Autriche), et Frédéric II (Prusse).

1773. — Clément XIV (Ganganelli), pape depuis 1769, supprime les Jésuites déjà chassés du Portugal (1759), de la France (1764), et de l'Espagne (1767).

1774. — Louis XVI, petit-fils de Louis XV, roi de France.

1783. — Traité de Versailles, qui force les Anglais à reconnaître l'indépendance des États-Unis, pour laquelle Georges Washington, secondé par Lafayette et Rochambeau, avait vaillamment combattu.

1789. — Commencement de la révolution française; Etats généraux (4 mai); assemblée nationale (17 juin); prise de la Bastille (14 juillet).

1790. — La France est divisée en 83 départements. — Constitution civile du clergé (12 juillet).

1791. — Louis XVI arrêté à Varennes (21 juin); constitution de 1791 (14 septembre); assemblée législative (1er octobre). — Insurrection des nègres à Saint-Domingue.

1792. — Louis XVI prisonnier (10 août); massacre des 2 et 4 septembre; les Prussiens battus à Valmy par Kellermann et Dumouriez; Convention nationale (21 septembre); les Autrichiens battus à Jemmapes par Dumouriez. — L'empereur François II succède à Léopold II; Gustave IV à Gustave III, en Suède. Tippo-Saëb, malgré sa bravoure, est obligé de céder la moitié de ses Etats aux Anglais.

1793. — Louis XVI périt sur l'échafaud (21 janvier); Comité du salut public (6 avril); chute des

Girondins (31 mai); supplice de Marie-Antoinette (16 octobre); défaite des Vendéens; Toulon repris aux Anglais par Bonaparte.

1794. — Règne de la Terreur; Robespierre tout-puissant; victoire de Jourdan à Fleurus (26 juin); fin de la Terreur (9 thermidor, 27 juillet).— Le Polonais Kociusko s'insurge contre les Russes.

1795. — La Hollande est conquise par les Français et prend le nom de République Batave.—Constitution de l'an III; le Directoire (26 octobre); Corps législatif, divisé en conseil des Anciens et conseil des Cinq-Cents. — La Pologne est entièrement démembrée.

1796. — Bonaparte est chargé du commandement en chef de l'armée d'Italie. Victoires de Montenotte, de Millésimo, de Lodi, de Castiglione et d'Arcole.

1797. — Victoire de Rivoli; anéantissement de la république de Venise. Traité de Campo-Formio entre la France et l'Autriche.

1798. — Campagne d'Egypte, par Bonaparte; victoire des Pyramides; la flotte française est anéantie à Aboukir par l'amiral anglais Nelson.

1799. — Le 18 brumaire (9 novembre); Bonaparte premier consul (13 décembre); constitution de l'an VIII; Pie VI meurt à Valence.

19e Siècle.

1800. — Bataille de Marengo gagnée par le premier Consul.

1801. — Concordat entre le pape Pie VII et Bonaparte.

1802. — Bonaparte premier Consul à vie.

1804. — Napoléon (Bonaparte) est proclamé empereur et sacré avec Joséphine par Pie VII (2 décembre).

1805. — Austerlitz (2 décembre); paix de Presbourg.

1807. — Paix de Tilsit.

1808. — Guerre d'Espagne.

1809. — Seconde campagne d'Autriche.

1810. — Napoléon répudie Joséphine et épouse Marie-Louise.

1812. — Campagne de Russie.

1814. — Invasion des alliés. — La Norwége est cédée à la Suède. — Guillaume d'Orange-Nassau reçoit les Pays-Bas.

1815. — Les Cent jours (20 mars-28 juin); retour de Napoléon de l'Ile d'Elbe; Waterloo; exil de Napoléon à Sainte-Hélène.—Louis XVIII, roi de France.

1816. — Révolution au Brésil contre le Portugal.

1818. — Bernadotte monte sur le trône de Suède sous le nom de Charles XIV.

1819. — Bolivar, vainqueur des Espagnols, fonde la république de Colombie.

1821. — Napoléon meurt à Sainte-Hélène (5 mai).

1824. — Charles X, roi de France.

1827. — La France, l'Angleterre et la Russie s'unissent pour l'indépendance de la Grèce. — Combat naval de Navarin.

1830. — Prise d'Alger sous le règne de Charles X.—Révolution de juillet; Louis-Philippe, d'Orléans, est élu roi des Français. — Révolution belge. — Léopold de Saxe-Cobourg est proclamé roi des Belges, l'année suivante.

1833. — Ferdinand VII meurt, et laisse le trône d'Espagne à sa fille Isabelle II, et la régence à sa femme Marie-Christine.

1837. — Prise de Constantine par les Français. — La reine Victoria succède en Angleterre à Guillaume IV son oncle.

1842. — Mort du duc d'Orléans.

1843. — Agitation des *repealers* en Irlande, sous l'influence d'O'Connell.

1846. — Pie IX, pape.

1848. — Révolution de février; déchéance de la branche d'Orléans; la république est proclamée; assemblée constituante.

1849. — Assemblée législative.

1852. — L'assemblée législative est dissoute. — Louis Napoléon, président pour dix ans. — La constitution de 1848 est anéantie. — Corps législatif; sénat. — Napoléon III, empereur (2 décembre).

§ III.

Personnages les plus célèbres qui peuvent servir à caractériser les 50 siècles de la chronologie ancienne.

Siècles.		Siècles.	
50ᵉ	Adam, Ève.	37ᵉ	Malaléel.
49ᵉ	Caïn, Abel, Seth.	36ᵉ	Jared.
48ᵉ	Hénoch, Enos.	35ᵉ	Noé.
47ᵉ	Caïnan.	34ᵉ	Sem, Cham, Japhet.
46ᵉ	Malaléel, Jared.	33ᵉ	Chanaan.
45ᵉ	. . . . . .	32ᵉ	Salé.
44ᵉ	Enoch.	31ᵉ	Héber.
43ᵉ	Mathusalem, Lamech Iᵉʳ.	30ᵉ	Ménès, Fo-Hi, Phaleg.
42ᵉ	Tubalcaïn.	29ᵉ	Sem.
41ᵉ	Lamech II.	28ᵉ	Sidon.
40ᵉ	Seth.	27ᵉ	Nemrod, Assur, Hoang-Ti.
39ᵉ	Enos.	26ᵉ	Nachor.
38ᵉ	Caïnan.	25ᵉ	Tharé.

Siècles.

24ᵉ Yao.
23ᵉ Abraham, Melchisédech.
22ᵉ Jacob, Esaü.
21ᵉ Joseph, Theutmosis Iᵉʳ.
20ᵉ Inachus, Sémiramis.
19ᵉ Ogygès, Job, Jupiter.
18ᵉ Prométhée.
17ᵉ Moïse, Sésostris, Cécrops.
16ᵉ Josué, Cadmus, Othoniel.
15ᵉ Minos.
14ᵉ Hercule, Gédéon, OEdipe.
13ᵉ Hector, Achille, Jephté.
12ᵉ Samson, Codrus, Sanchonia-
   ton.
11ᵉ Samuel, Saül, David.
10ᵉ Salomon, Sésac, Homère.
 9ᵉ Josaphat, Lycurgue, Didon,
   Athalie, Jonas.

Siècles.

8ᵉ Sardanapale, Romulus, Ezé-
   chias, Salmanazar.
7ᵉ Assar-Haddon, Judith, Psammétique, Cyaxare, Dracon.
6ᵉ Nabuchodonosor, Solon, Cyrus, Darius, Brutus.
5ᵉ Xerxès, Léonidas, Esdras,
   Périclès, Alcibiade.
4ᵉ Camille, Brennus, Epaminondas, Denys, Alexandre.
3ᵉ Pyrrhus, Antiochus, Annibal,
   Scipion l'Africain.
2ᵉ Judas Machabée, Scipion-
   Emilien, Marius.
1ᵉʳ Mithridate, Sylla, César, Auguste.

§ IV.

*Personnages les plus célèbres qui peuvent servir à carac-
tériser les 19 siècles de la chronologie moderne.*

Siècles.

1ᵉʳ Les Douze Apôtres, Néron, Vespasien, Titus, Domitien.

2ᵉ Trajan, Adrien, Marc-Aurèle.

3ᵉ Maximin, Zénobie, Dioclétien.

4ᵉ Constantin, Sapor II, Arius, Julien l'Apostat, Théodose le Grand.

5ᵉ Alaric, Genséric, Attila, Odoacre, Clovis, Théodoric.

6ᵉ Justinien, Chosroès, Bélisaire, Narsès, Frédégonde, saint Grégoire le Grand.

7ᵉ Mahomet, Héraclius, Dagobert, Omar, Pépin d'Héristal.

8ᵉ Charles Martel, Léon III, Pépin le Bref, Charlemagne, Aaroun-
   al-Raschid, Irène.

9ᵉ Louis le Débonnaire, Egbert, Piast, Photius, Rurick, Alfred le
   Grand, Eudes.

10ᵉ Constantin VII, Othon le Grand, Miécislas Iᵉʳ, Hugues Capet,
   Gerbert.

11ᵉ Iaroslaw, Trogul-Beg, Henri IV, Grégoire VII, Guillaume le
   Conquérant, Godefroy de Bouillon.

12ᵉ Louis VI, Conrad III, Louis VII, saint Bernard, Henri II, Saladin, Philippe Auguste, Richard Cœur de Lion.

13ᵉ Baudoin Iᵉʳ, Jean sans Terre, Gengis-Khan, saint Louis, Rodolphe de Habsbourg, Othman.

Siècles.

14ᵉ Guillaume Tell, Clément V, Edouard III, Casimir III, Amurat Iᵉʳ, Charles V, Tamerlan, Marguerite de Danemark.

15ᵉ Jeanne d'Arc, Mahomet II, Mathias Corvin, Louis XI, Charles le Téméraire, Henri VII, Christophe Colomb.

16ᵉ Henri VIII, Léon X, François Iᵉʳ, Charles-Quint, Luther, Elisabeth, Sixte-Quint, Henri IV.

17ᵉ Richelieu, Louis XIV, Cromwel, Aureng-Zeb, Hang-Hi, Guillaume III, Jean Zobieski.

18ᵉ Pierre le Grand, Charles XII, Nadir-Schah, Benoît XIV, Frédéric le Grand, Marie-Thérèse, Catherine II, Joseph II, Pie VI, Louis XVI, Washington, Robespierre, Kociusko, Bonaparte.

19ᵉ Pie VII, Alexandre, Napoléon le Grand, Bolivar, Charles X, O'Connel, Grégoire XVI, Ibrahim-Pacha, Pie IX, Napoléon III.

CINQUIÈME PARTIE.

Histoire sainte.

—

§ Ier.

Divisions de l'Ancien Testament.

1. La Genèse (création).
2. L'Exode (sortie d'Egypte).
3. Le Lévitique (loi des prêtres).
4. Les Nombres (recensement du peuple).
5. Le Deutéronome (répétition de la loi).

Pentateuque écrit par Moïse.

6. Le Livre de Josué (histoire de son temps écrite par Josué).
7. Le Livre des Juges (leur histoire).
8. Le Livre de Ruth (attribué à Samuel).
9. 10. 11. 12. Les 4 Livres des Rois (histoire d'Israël durant 600 ans).
    (1er et 2e de Samuel.)
13. 14. Les 2 Livres des Paralipomènes (chroniques).
15. 16. Les 2 Livres d'Esdras (histoire, durant et après la captivité).
    (2e de Néhémie.)
17. Le Livre de Tobie.
18. Le Livre de Judith.
19. Le Livre d'Esther.
20. Le Livre de Job.
21. Les Psaumes de David.
22. Les Proverbes de Salomon.
23. L'Ecclésiaste.
24. Le Cantique des Cantiques.
25. La Sagesse.
26. L'Ecclésiastique.
27-43. Les Livres des Prophètes.
44-45. Les 2 Livres des Machabées.

§ II.

1° *Les Patriarches qui ont vécu avant le déluge.*

	né en	vécut	mort en
1. Adam,	4963	930	4033
2. Seth,	4833	912	3921

	né en	vécut	mort en
3. Enos,	4729	905	3824
4. Caïnan,	4639	910	3729
5. Malaléel,	4569	895	3674
6. Jared,	4504	962	3542
7. Hénoch,	4342	365	3977
8. Mathusalem,	4277	969	3308
9. Lamech,	4090	777	3313
10. Noé,	3908	950	2958

§ III.

2° *La descendance de Noé.*

Noé.

Sem.	Cham.	Japhet.
Elam.	Chus.	Gomer.
Assur.	Mesraïm.	Magog.
Arphaxad.	Phuth.	Madai.
Lud.	Chanaan.	Javan.
Aram.		Thubal.
		Mosoch.
		Thiras.

§ IV.

3° *Les patriarches du déluge à la vocation d'Abraham.*

Déluge, 3308.

	né en	vécut	mort en
1. Sem,	3405	600	2806
2. Arphaxad,	3306	338	2868
3. Salé,	3171	433	2738
4. Héber,	3041	464	2637
5. Phaleg,	2907	239	2666
6. Reü,	2777	239	2538
7. Sarug,	2645	230	2415
8. Nachor,	2515	148	2367
9. Tharé,	2436	205	2291
10. Abraham,	2366	175	2191

§ V.

4° *Chefs des Hébreux jusqu'à la sortie d'Egypte.*

	né en	mort en
Abraham,	2366	2191
Isaac,	2266	2086

	né en	mort en
Jacob,	2206	2059
Lévi,	2117	1980
Caath,	2084	1951
Amram,	2016	1879
Moïse,	1725	1605

§ VI.

5° *Les douze fils de Jacob.*

Ruben,
Siméon,
Lévi,
Juda,   } fils de Lia.
Issachar,
Zabulon,

Joseph,
Benjamin,   } fils de Rachel.

Dan,
Nephtali,   } fils de Bala, servante de Rachel.

Gad,
Azer,   } fils de Zelpha, servante de Lia.

§ VII.

6° *Les dix plaies d'Egypte.*

1° Les Eaux du Nil chan-
   gées en sang.
2° Les Grenouilles.
3° Les Moucherons.
4° Les Mouches.
5° La Peste.

6° Les Ulcères.
7° La Grêle.
8° Les Sauterelles.
9° Les Ténèbres.
10° L'Ange exterminateur.

§ VIII.

7° *Les quarante-deux stations des Hébreux dans le désert.*

De Ramessès à :

1. Socoth.
2. Etham ou Sur.
3. Phihahiroth.
4. Maraa.
5. Elim.
6. Setchatha.
7. Désert de Sin.
8. Daphca.

9. Alus.
10. Rhaphidim d'Oreb.
11. Désert de Sinaï.
12. Sépulcre de concupiscence.
13. Haseroth.
14. Cadès-Barné.
15. Retma.
16. Remmonpharès.

17. Lebna.
18. Ressa.
19. Ceelatha.
20. Sepher.
21. Arada.
22. Maceloth.
23. Thahath.
24. Tharé.
25. Methca.
26. Hesmona.
27. Moseroth.
28. Benezaachan.
29. Gadgad.

30. Jetebatha.
31. Hébrona.
32. Asiongaber.
33. Gadès.
34. Hor ou Mosera.
35. Salmona.
36. Phunon.
37. Oboth.
38. Gié-Abarim.
39. Dibongad.
40. Helmon-Diblathaim.
41. Abarim, vis-à-vis de Nébo.
42. Plaines de Moab.

§ IX.

8° *Les espèces de sacrifices chez les Hébreux.*

1° Les holocaustes.
2° Les sacrifices expiatoires du péché.
3° Les sacrifices expiatoires de la faute.
4° Les sacrifices pacifiques.
5° Les sacrifices des premiers-nés des hommes et des animaux.
6° L'agneau pascal.
7° Les décimes.

§ X.

9° *Les fêtes principales des Hébreux.*

1° La fête de Pâque.
2° La fête de la Pentecôte.
3° La fête des Tabernacles.

§ XI.

10° *Les fêtes secondaires des Hébreux.*

1° La fête de l'Expiation.
2° Les fêtes du Premier Jour de l'an et des Nouvelles Lunes.
3° La fête du Sabbat.
4° La fête de l'Année sabbatique.
5° L'Année du Jubilé.

§ XII.

11° *Les Servitudes et les Juges.*

Première Servitude.   De 1652 à 1554.
1. Othoniel.   — 1554 — 1514.

Deuxième Servitude.	— 1514 — 1496.		
2. Aod. } 3. Samgar. }	— 1496 — 1416.		
Troisième Servitude.	— 1416. — 1396.		
4. Débora et Barac.	— 1396 — 1356.		
Quatrième Servitude.	— 1356 — 1349.		
5. Gédéon.	— 1349 — 1309.		
6. Abimélech.	— 1309 — 1306.		
7. Thola.	— 1306 — 1283.		
8. Jaïr.	— 1283 — 1261.		
Cinquième Servitude.	— 1261 — 1243.		
9. Jephté.	— 1243 — 1237.		
10. Abesan.	— 1237 — 1230.		
11. Ahialon.	— 1230 — 1220.		
12. Abdon.	— 1220 — 1212.		
Sixième Servitude.	— 1212 — 1172.		
13. Samson.	— 1172 — 1152.		
14. Héli.	— 1152 — 1112.		
Septième Servitude.	— 1112 — 1092.		
15. Samuel.	— 1092 — 1080.		

§ XIII.

12° *Les Rois.*

1080. Saül.
1040. David.
1001. Salomon.

ROIS DE JUDA.	ROIS D'ISRAEL.
962 — Roboam.	962 — Jéroboam.
946 — Abiam.	
944 — Asa.	
	943 — Nadab.
	942 — Baasa.
	919 — Ela.
	919 — Zambri.
	919 — Amri.
	907 — Achab.
904 — Josaphat.	
	888 — Ochosias.
	887 — Joram.
880 — Joram.	
876 — { Ochosias. { Athalie.	876 — Jéhu.
870 — Joas.	

<table>
<tr><td>ROIS DE JUDA.</td><td>ROIS D'ISRAEL.</td></tr>
<tr><td></td><td>848 — Joachas.
832 — Joas.</td></tr>
<tr><td>831 — Amasias.</td><td></td></tr>
<tr><td>803 — Osias.</td><td>817 — Jéroboam II.</td></tr>
<tr><td></td><td>767 — Zacharie.
766 — Sellum.
766 — Manahem.
754 — Phacéia.
753 — Phacée.</td></tr>
<tr><td>752 — Joathan.
737 — Achas.</td><td></td></tr>
<tr><td>723 — Ezéchias.</td><td>726 — Osée.</td></tr>
<tr><td></td><td>718 — Destruction du royaume
d'Israël.</td></tr>
<tr><td>694 — Manassès.
640 — Amon.
638 — Josias.
609 — Joachas.
606 — Eliachim ou Joachim.
598 — Jéchonias.
557 — Sédécias.
587 — Captivité.</td><td></td></tr>
</table>

§ XIV.

13° *Les Prophètes.*

Les quatre grands prophètes.

1. Isaïe.
2. Ezéchiel.
3. Daniel.
4. Jérémie (Baruch, son secrétaire).

Les douze petits prophètes.

1. Osée.
2. Joël.
3. Amos.
4. Abdias.
5. Jonas.
6. Michée.
7. Nahum.
8. Habacuch.
9. Sophonias.
10. Aggée.
11. Zacharie.
12. Malachie.

§ XV.

14° *Principales sectes juives.*

Les Pharisiens.
Les Sadducéens.
Les Esséniens.
Les Thérapeutes.

Les Samaritains.
Les Hémérobaptistes.
Les Hérodiens.

SIXIÈME PARTIE.

Mythologie.

---

§ I.

Principales divinités du monde païen.

JUPITER.— Le maître des dieux, fils de *Saturne.* — *Junon*, sa femme.

NEPTUNE. — Frère de Jupiter, dieu des mers. — *Amphitrite*, sa femme.

PLUTON. — Frère de Jupiter, dieu des enfers. — *Proserpine*, sa femme.

MARS. — Dieu de la guerre. — *Bellone*, sa sœur. — La *Terreur*, la *Crainte*, ses enfants.

MINERVE. — Ou *Pallas*, sortie du cerveau de Jupiter, déesse de la sagesse, des arts et de la guerre.

VÉNUS. — Déesse de la beauté. — Les Grâces, les Ris, composent sa suite.

CUPIDON. — Fils de Vénus.

VULCAIN. — Epoux de Vénus.

APOLLON. — Ou *Phébus*, fils de Jupiter et de Latone, dieu de la musique et de la poésie, conduisait le char du *Soleil*, présidait aux concerts des *Muses*.

DIANE. — Sœur d'Apollon, déesse de la chasse, s'appelait *Hécate* aux enfers.

CÉRÈS. — Déesse de l'agriculture. — *Terme* présidait aux bornes des champs.

HÉBÉ. — Déesse de la jeunesse. — *Ganimède* versait le nectar aux dieux.

BACCHUS. — Dieu du vin. — *Silène*, son père nourricier.

MERCURE.— Messager des dieux, dieu du commerce et des voleurs.

THÉMIS. — Déesse de la justice.

IRIS. — Portée sur l'arc-en-ciel, messagère de Junon.

L'AURORE. — Déesse du matin.

MORPHÉE. — Dieu du sommeil et des songes.

EOLE. — Dieu des vents et des tempêtes.

NÉMÉSIS. — Déesse de la vengeance.

FLORE. — Déesse des fleurs.

POMONE. — Déesse des fruits.

PAN. — Dieu des bergers.

SYLVAIN. — Dieu des bois.
DRYADES. — Nymphes des bois.
HAMADRYADES. — Nymphes des arbres.
LIMNADES. — Nymphes des lacs.
NAÏADES. — Nymphes des bois et des fontaines.
NÉRÉIDES. — Nymphes de la mer.
SIRÈNES. — Monstres marins qui enchantaient par les délices de leur voix.
FAUNES et SATYRES.—Divinités des campagnes, suivantes de Bacchus.
Les 3 GRACES. — *Aglaé, Euphrosine, Thalie*, suivantes de Vénus.
Les 3 PARQUES. — *Clotho, Lachesis, Atropos*, présidaient à la vie des humains.
Les 3 FURIES. — *Alecto, Mégère, Tisiphone*, armées de torches et de serpents.
Les 3 JUGES INFERNAUX. — *Minos, Eaque, Rhadamante.*
Les 3 HARPIES — *Ocypode, Aello, Céléno*, corps de vautour, griffes de fer.
Les 3 HESPÉRIDES. — *Eglé, Aréthusa, Hypéréthuse*, gardaient les pommes d'or.
Les 3 GORGONES. — *Euryale, Méduse, Athénée*, un œil et une dent pour elles trois.

§ II.

Les neuf Muses qui présidaient aux arts libéraux.

CLIO. — *Histoire*, couronnée de lauriers, tient une trompette et un livre.
EUTERPE. — *Musique*, couronnée de fleurs, joue de la flûte.
THALIE. — *Comédie*, chaussée en brodequins, tient un masque à la main.
MELPOMÈNE. — *Tragédie*, chaussée d'un cothurne, armée d'un poignard.
TERPSICHORE. — *Danse*, couronnée de guirlandes, tient une harpe.
ÉRATO. — *Poésie lyrique*, couronnée de myrte et de roses, tient une lyre.
POLYMNIE.— *Rhétorique*, couronnée de joyaux, armée d'un sceptre.
CALLIOPE. — *Eloquence*, couronnée de lauriers.
URANIE. — *Astronomie*, couronnée d'étoiles, tient un globe céleste.

§ III.

Les Héros ou Demi-Dieux.

PERSÉE. — Fils de Jupiter et de Danaé, époux d'Andromède qu'il délivra d'un monstre marin. Victoire sur les Gorgones; il tue Méduse.

Hercule. — Fils de Jupiter et d'Alcmène, époux de Déjanire. Ses douze Travaux.

Orphée. — Charme par les accords de sa lyre les rivières, les bêtes sauvages, les montagnes. Il obtient de Pluton Eurydice.

Castor et Pollux. — Fils jumeaux de Jupiter et de Léda, frères d'Hélène. Ils meurent et vivent alternativement tous les six mois.

Jason. — Chef des Argonautes. Conquête de la Toison d'or en Colchide. *Médée*, sa femme.

Thésée. — Destruction du Minotaure. Secours d'Ariadne. Le fil du labyrinthe.

§ IV.

Les douze Travaux d'Hercule.

1. Le Lion de Némée. — Qu'il étouffa, et dont il porta toujours la peau.
2. L'Hydre de Lerne. — Dont les têtes coupées renaissaient en plus grand nombre.
3. Le Sanglier d'Erymanthe. — Qu'il prit tout vivant et porta sur ses épaules à Eurysthée.
4. La Biche aux pieds d'airain. — Qu'il prit à la course sur le mont Ménale.
5. Les Oiseaux du lac Stymphale. — Qu'il extermina à coups de flèche.
6. Le Taureau de l'île de Crète. — Qu'il apporta vivant au Péloponèse.
7. Les Cavales de Diomède. — Qui se nourrissaient de chair humaine et qu'il enleva.
8. La Ceinture d'Hippolyte. — Reine des Amazones, qu'il apporta après l'avoir défaite.
9. Les Étables d'Augias. — Qu'il nettoya en y faisant passer le fleuve Alphée.
10. Le Monstre Gérion. — Roi de Gades, qu'il tua et dont il enleva les troupeaux.
11. Les Pommes d'or des Hespérides. — Qu'il enleva après avoir tué le dragon.
12. Thésée. — Qu'il délivra des enfers en ramenant Cerbère enchaîné.

§ V.

Les quatre Jeux publics et solennels de la Grèce.

1. Les jeux Olympiens,   en l'honneur de Jupiter,   tous les 4 ans.
2. Les jeux Pythiques,   en l'honneur d'Apollon,   tous les 4 ans.

3. Les jeux Isthmiques,   en l'honneur de Neptune,   tous les 4 ans.
4. Les jeux Néméens,   par Hercule,   tous les 2 ans.

§ VI.

Les sept Merveilles du monde.

1. Le Colosse de Rhodes, haut de 135 pieds.
2. Le Tombeau de Mausole, roi de Carie, élevé par Artémise.
3. Les Pyramides d'Egypte.
4. Le Temple de Diane à Ephèse, brûlé par Erostrate.
5. La Statue de Jupiter Olympien, 75 pieds de haut, en or et ivoire, par Phidias.
6. Les Murs de Babylone, et les Jardins suspendus.
7. Le fameux Labyrinthe, en Egypte.

SEPTIÈME PARTIE.

Histoire ancienne.

---

§ I.

Rois de Ninive.

§ II.

Second empire Assyrien.

§ III.

Rois de Médie.

§ IV.

Rois Lagides d'Egypte.

Ptolémée VII, Evergète II, Physcon, 146
Ptolémée VIII, Soter II, Lathyrus, 117
Ptolémée IX, Alexandre Ier, Coccès et Parisactus, 107
    Cléopâtre.
Ptolémée VIII, Soter II, rétabli, 88
Ptolémée X, Alexandre II, 81
    Bérénice.
Ptolémée XI, Philopator II, Aulète, 81
Cléopâtre Tryphène et Bérénice, 58
Bérénice seule, 57
Ptolémée Aulète, de nouveau, 55
Cléopâtre Philopator et Ptolémée XII, 52
Cléopâtre et Ptolémée XIII, 48
Cléopâtre et Ptolémée César, dit Césarion, 44
Cléopâtre et Marc-Antoine, 37 — 30

§ V.

Les rois perses.

	Avant J.-C.		Avant J.-C.
1. Cyrus,	560	7. Xerxès II,	424
2. Cambyse II,	530	8. Darius Nothus,	423
3. Smerdis le Mage,	522	9. Artaxerxès II, Mnémon,	404
4. Darius, fils d'Hystaspe,	522	10. Ochus,	362
5. Xerxès Ier,	485	11. Darius Codoman,	336
6. Artaxerxès, Longue-Main,	472		

§ VI.

Les sept sages de la Grèce.

1. Thalès, de Milet, chef de la secte ionique, mort en 548, à 96 ans.
2. Périandre, tyran de Corinthe, mort vers 585.
3. Bias, de Priène, florissait vers 600, mort très-vieux.
4. Chilon, de Sparte; on en sait peu de chose.
5. Cléobule, de Lindos, mort vers 560, à 70 ans.
6. Pittacus, de Mitylène, souverain de sa patrie, mort en 579, à 70 ans.
7. Solon, le législateur d'Athènes, mort en 559, à 80 ans.

§ VII.

Les sept rois de Rome.

	Avant J.-C.		Avant J.-C.
1. Romulus,	754	5. Tarquin l'Ancien,	616
2. Numa Pompilius,	714	6. Servius Tullius,	578
3. Tullus Hostilius,	671	7. Tarquin le Superbe,	534-509
4. Ancus Martius,	640		

§ VIII.

Hommes célèbres de la Grèce et de Rome au ve siècle avant J.-C.

Ier siècle littéraire dit de Périclès.

Illustres dans la politique et les armes.

GRECS.		ROMAINS.
Miltiade.	Nicomède.	Valérius Publicola.
Léonidas.	Périclès.	Ménénius Agrippa.
Thémistocle.	Alcibiade.	Posthumius.
Aristide.	Lysandre.	Coriolan.
Pausanias.	Callicratidas.	Véturie.
Léotychide.	Théramène.	Les Fabius.
Cimon.	Trasybule.	Appius Claudius.
		Virginius.
		Cincinnatus.

Illustres dans les lettres, les sciences et les arts.

GRECS.		
Hérodote.	Pindare.	Phidias.
Thucydide.	Corinne.	Polyclète.
Lysias.	Socrate.	Myson.
Eschyle.	Anaxagore.	Polygnote.
Sophocle.	Empédocle.	Apollodore.
Euripide.	Héraclite.	Zeuxis.
Aristophane.	Hippocrate.	Callicrate.

HUITIÈME PARTIE.

§ I.

Division du Nouveau Testament.

Les quatre évangélistes.
- Saint Matthieu (en hébreu), discours de Jésus-Christ.
- Saint Marc (en grec), miracles de Jésus-Christ.
- Saint Luc (en grec), sacrifice de Jésus-Christ.
- Saint Jean (en grec), divinité de Jésus-Christ.

Les Actes des Apôtres (par saint Luc).
14 Epîtres de saint Paul.
1 Epître de saint Jacques.
2 Epîtres de saint Pierre.

3 Epîtres de saint Jean.
1 Epître de saint Jude.
L'Apocalypse (révélation de saint Jean).

§ II.

Abrégé chronologique de la vie de Notre-Seigneur Jésus-Christ.

Avant l'ère chrétienne.

6. —	25 mars.	Annonciation de la très-sainte Vierge. — Incarnation du Fils de Dieu.
	26 mars.	Visitation de la sainte Vierge, qui reste environ trois mois à Ebron, chez sa cousine Elisabeth.
	24 juin.	Naissance de saint Jean Baptiste, précurseur de Jésus-Christ.
	23 décembre.	Marie et Joseph à Bethléem.
	25 décembre.	Naissance de Notre-Seigneur, à Bethléem, dans une étable.
5. —	1er janvier.	Circoncision de Notre-Seigneur, qui reçoit le nom de Jésus.
	6 janvier.	Adoration des Mages. — Quelques auteurs ne la placent qu'après la Présentation.
	2 février.	Présentation de Jésus-Christ au temple de Jérusalem. — Purification de Marie.

<table>
<tr><td>3 février.</td><td>Fuite en Egypte; la sainte Famille se retire, dit-on, à Héliopolis.</td></tr>
<tr><td>4 février.</td><td>Les Innocents sont massacrés par ordre d'Hérode, roi de Judée.</td></tr>
<tr><td>4. — 25 mars.</td><td>Hérode meurt; son fils Archélaüs va à Rome pour solliciter le trône de Judée.</td></tr>
<tr><td>3. — 7 janvier.</td><td>Archélaüs revient en Judée; la sainte Famille quitte alors l'Egypte et s'établit à Nazareth.</td></tr>
</table>

Après l'ère chrétienne.

<table>
<tr><td>7. — 30 mars.</td><td>Jésus-Christ, âgé de 12 ans accomplis, va à Jérusalem pour la fête de Pâques.</td></tr>
<tr><td>25. — 19 mars.</td><td>Mort présumée de saint Joseph, âgé de 63 ans, selon les uns, de 71, selon les autres.</td></tr>
<tr><td>30. — 6 janvier.</td><td>Baptême de Notre-Seigneur; il se retire dans le désert.</td></tr>
<tr><td>16 février.</td><td>Notre-Seigneur quitte le désert, et commence ses prédications; vocation de quelques apôtres; noces de Cana.</td></tr>
<tr><td>12 avril.</td><td>Première Pâque de Notre-Seigneur, — Vendeurs chassés, — Saint Jean Baptiste emprisonné, — la Samaritaine, — l'Officier de Capharnaüm, — Tempête apaisée, — Paralytique absous et guéri, — Vocation de saint Matthieu, — l'Hémorrhoïsse, — Jaïre.</td></tr>
<tr><td>31. — 27 mars.</td><td>Deuxième Pâque, — Malade de 38 ans, — Main desséchée, — Choix des 12 apôtres, — Sermon sur la montagne, — le Lépreux, — le Centenier, — la Veuve de Naïm, — Martyre de saint Jean Baptiste, — Multiplication des 5 pains.</td></tr>
<tr><td>32. — 18 avril.</td><td>Troisième Pâque, — Discours sur l'Eucharistie, — la Cananéenne, — les 7 pains multipliés, — la Transfiguration, — les dix Lépreux, — l'Aveugle-né, — Mission des 72 disciples, — Marthe et Marie, — l'Enfant prodigue, — l'Econome infidèle, — le Mauvais Riche, — le Pharisien et le Publicain, — les Ouvriers de la vigne, — Résurrection de Lazare.</td></tr>
<tr><td>33. — 29 mars.</td><td>Entrée triomphante de Jésus-Christ à Jérusalem.</td></tr>
<tr><td>1er avril.</td><td>Les Juifs tiennent conseil pour arrêter Jésus; Judas promet de le livrer.</td></tr>
<tr><td>2 avril, jeudi.</td><td>Quatrième Pâque, — Institution de l'Eucharistie, — Sermon après la cène, — Agonie de Jésus-Christ au jardin de Gethsémani.</td></tr>
<tr><td>3 avril.</td><td>Jésus chez Anne, chez Caïphe, chez Pilate, chez Hérode. — Il est flagellé, — couronné d'épines,</td></tr>
</table>

	— crucifié entre deux larrons, — il meurt vers trois heures, et est embaumé immédiatement. Il était âgé de 33 ans, 3 mois et 15 jours.— Beaucoup d'auteurs le font mourir à 37 ans passés.
5 avril.	Résurrection glorieuse de Notre-Seigneur, — diverses apparitions.
12 avril.	Nouvelle apparition aux 11 apôtres, — saint Thomas est convaincu.
14 mai.	Ascension de Notre-Seigneur en présence de ses apôtres, réunis sur le mont des Oliviers.
24 mai.	Pentecôte,— Descente du St-Esprit sur les apôtres qui commencent dès lors à prêcher l'Evangile.
48.—	Mort présumée de la très-sainte Vierge, à Jérusalem ou à Ephèse. Elle était âgée de 68 ans, — Sa résurrection et son assomption au ciel eurent lieu trois jours après selon une pieuse tradition.

§ III.

Les 4 évangélistes.

1. Saint Matthieu (ange).   3. Saint Luc (bœuf).
2. Saint Marc (lion).   4. Saint Jean (aigle).

§ IV.

Les 12 apôtres.

1. Simon-Pierre.   7. Matthieu.
2. André, son frère.   8. Simon.
3. Jacques le Majeur, } fils de Zé-   9. Jude, } fils d'Al-
4. Jean, } bédée.   10. Jacques le Mineur, } phée.
5. Philippe.   11. Thomas.
6. Barthélemi.   12. Judas Iscariote. — Mathias.

§ V.

Les dix persécutions.

Après J.-C.

1. Première persécution sous Néron,   64
    Saint Pierre.
    Saint Paul.

2. Deuxième persécution sous Domitien,   93
    Saint Jean.

Après J.-C.

3. Troisième persécution sous Trajan,   107
> Saint Siméon, de Jérusalem.
> Saint Ignace, d'Antioche.

4. Quatrième persécution sous Marc-Aurèle,   163
> Saint Polycarpe.
> Saint Pothin.
> Sainte Blandine.
> La Légion fulminante.

5. Cinquième persécution sous Septime-Sévère,   202
> Saint Irénée.
> Sainte Félicité et sainte Perpétue.

6. Sixième persécution sous Maximin,   235
> Sainte Catherine.

7. Septième persécution sous Dèce,   250
> Saint Fabien.
> Saint Saturnin.
> Saint Denis.
> Saint Trophime.

8. Huitième persécution sous Valérien,   257
> Saint Cyprien.
> Saint Laurent.

9. Neuvième persécution sous Aurélien,   273
10. Dixième persécution sous Dioclétien et Maximien, 303
> Saint Quentin.
> La Légion thébéenne, Maurice, Exupère et Candide.
> Saints Donatien et Rogatien.
> Saint Victor.

§ VI.

Principaux Pères de l'Eglise grecque et de l'Eglise latine jusqu'au VIe siècle.

ÉGLISE GRECQUE.	ÉGLISE LATINE.
Saint Ignace d'Antioche.	Saint Clément, pape.
Saint Irénée.	Saint Justin.
Saint Clément d'Alexandrie.	Tertullien.
Origène.	Saint Cyprien.
Saint Denis d'Alexandrie.	Lactance.
Saint Athanase.	Saint Hilaire de Poitiers.
Saint Ephrem.	Saint Ambroise.

ÉGLISE GRECQUE.	ÉGLISE LATINE.
Saint Eusèbe.	Saint Augustin.
Saint Basile le Grand.	Saint Jérôme.
Saint Grégoire de Nazianze.	Saint Léon le Grand.
Saint Grégoire de Nysse.	Pierre Chrysologue.
Saint Jean Chrysostome.	Salvien de Trèves.
Théodore de Cyros.	Saint Césaire d'Arles.
Saint Cyrille d'Alexandrie.	Saint Fulgence de Talept.

§ VII.

Les 19 conciles œcuméniques.

Après J.-C.

Le concile de Jérusalem (les apôtres),   50 ans.
Les Juifs, devenus chrétiens, sont dispensés d'observer la loi de Moïse.

1. Le 1er concile de Nicée en Bithynie,   325
Contre les Ariens, qui rejetaient la divinité de Jésus-Christ.

2. Le 1er concile de Constantinople,   381
Contre les Macédoniens, qui ne reconnaissaient pas la divinité de Jésus-Christ.

3. Le 1er concile d'Ephèse,   431
Contre les Nestoriens, qui admettaient deux personnes en Jésus-Christ.

4. Le concile de Chalcédoine,   451
Contre Eutychès, qui ne reconnaissait qu'une nature en Jésus-Christ.

5. Le 2e concile de Constantinople,   553
Contre l'hérésie Nestorienne.

6. Le 3e concile de Constantinople,   680
Contre les Monothélites, qui n'admettaient qu'une volonté dans Jésus-Christ.

7. Le 2e concile de Nicée,   787
Contre les Iconoclastes.

8. Le 4e concile de Constantinople,   869
Contre Photius, qui prépare le schisme grec.

9. Le 1er concile de Latran à Rome,   1122
Pour la paix de l'Eglise, et le rétablissement de la discipline ecclésiastique.

Avant J.-C.

10. **Le 2ᵉ concile de Latran,** 1139
  Contre les schismatiques.

11. **Le 3ᵉ concile de Latran,** 1179
  Contre les Vaudois.

12. **Le 4ᵉ concile de Latran,** 1215
  Contre les Albigeois.

13. **Le 1ᵉʳ concile de Lyon,** 1245
  Contre Frédéric II.

14. **Le 2ᵉ concile de Lyon,** **1274**
  Pour la réunion de l'Eglise grecque et de l'Eglise latine.

15. **Le concile de Vienne (Dauphiné),** 1311
  Contre les Templiers.

16. **Le concile de Constance,** 1414 à 1418
  Contre les Hussites.

17. **Le concile de Bâle,** 1431 à 1440
  Pour la pacification de l'Eglise en Allemagne.

18. **Le concile de Trente,** 1445 à 1563
  Contre les luthériens.

NEUVIÈME PARTIE.

Histoire moderne.

---

§ I.

Les empereurs romains.

31 av. J.-C. Auguste.
14 ap. J.-C. Tibère.
37 — Caligula.
41 — Claude Ier.
54 — Néron.
68 — Galba.
68 — Othon.
69 — Vitellius.
69 — Vespasien.
79 — Titus.
81 — Domitien.
96 — Nerva.
98 — Trajan.
117 — Adrien.
138 — Antonin le Pieux.
161 — Marc - Aurèle et Lucius Verus.
169 — Marc-Aurèle (seul).
180 — Commode.
193 — Pertinax.
193 — Didius Julianus.
193 — 195 — Pescennius Niger.
193 — 197 — Albinus.
193 — Septime-Sévère.
211 — Caracalla et Géta.
212 — Caracalla (seul).
217 — Macrin.
218 — Héliogabale.
222 — Alexandre Sévère.
235 — Maximin Ier.
237 — Les deux Gordiens (père et fils).
237 — Maxime Pupien et Balbin.
238 — Gordien III le Pieux.
244 — Philippe, l'arabe.

249 — Dèce.
251 — Gallus et Volusien.
253 — Emilien.
253 — Valérien.
260 — Gallien.
    (Les 30 tyrans).
268 — Claude II, le Gothique.
270 — Quintillus.
270 — Aurélien.
275 — Tacite.
276 — Florien.
276 — Probus.
282 — Carus.
284 — Carin et Numérien.
284 — 305 Dioclétien.
286 — 305 — Maximien - Hercule.
292 — Constance-Chlore (César).
305 — 306 — Constance-Chlore (Auguste).
293 — Galère (César).
305 — 310 — Galère (Auguste).
305 — Sévère (César).
306 — Sévère (Auguste).
305 — Maximin II Daza (César).
308 — 313 — Maximin II Daza (Auguste).
307 — 324 — Licinius (Auguste).
306 — 337 — Constantin Ier.
337 — Constantin II, Constance II, Constant.
340 — Constance II et Constant.

350 — Constance (seul).
    350 — 353 Magnence.
361 — Julien l'Apostat.
363 — Jovien.
364 — 375 — Valentinien Ier (en Occident).
364 — 379 — Valens (en Orient)

375 — 383 — Gratien (en Occident).
383 — 392 — Valentinien II (en Occident).
379 — Théodose Ier (en Orient).
392 — 395 — Théodose Ier (seul)

§ II.

Empereurs romains d'Orient.

395 — Arcadius.
408 — Théodose II.
450 — Pulchérie (seule).
450 — Pulchérie et Marcien.
453 — Marcien (seul).

457 — Léon Ier.
474 — Léon II.
474 — Zénon, 1re fois.
475 — Basilisque.
477 — Zénon, 2e fois.
491 — Anastase Ier.

518 — Justin Ier.
527 — Justinien Ier.
565 — Justin II.
578 — Tibère II.
582 — Maurice.
602 — Phocas.

610 — Héraclius.
641 — Héraclius Constantin.
641 — Héracléonas Constantin.
641 — Constant II.
668 — Constantin III Pogonat.
685 — Justinien II, 1re fois.
695 — Léonce.
698 — Tibère III Absimare.
705 — Justinien II, 2e fois.
711 — Philépique Vartan.
713 — Anastase II.
716 — Théodose III.

717 — Léon III l'Isaurien.
741 — Constantin IV Copronyme
775 — Léon IV le Khazare.
780 — Constantin V, Porphyrogénète Ier.
797 — Irène, impératrice.
802 — Nicéphore Ier.

811 — Staurace.
811 — Michel Ier le Curopalate.
813 — Léon V l'Arménien.
820 — Michel II le Bègue.
829 — Théophile.
842 — Michel III l'Ivrogne.

867 — Basile Ier.
878 — Constantin VI, avec Basile son père.
886 — Léon VI, le Philosophe.
911 — Alexandre.
912 — Constantin VII, Porphyrogénète II (seul).
919 — Constantin VII avec Romain Ier Lécapène, et ses trois fils, Christophe, Etienne, Constantin VIII.
945 — Constantin VII, seul de nouveau.
959 — Romain II.
963 — Basile II et Constantin IX, avec Nicéphore II Phocas et
    969 Jean Ier Zimiscès.
976 — Basile II et Constantin IX, seuls tous deux
1025 — Constantin IX seul.
1028 — Romain III Argyre.
1034 — Michel IV le Paphlagonien.
1041 — Michel V le Calfat.
1042 — Zoé avec Constantin X Monomaque.
1054 — Théodora.
1056 — Michel VI Stratiotique.

1057 — Isaac Ier Comnène.
1059 — Constantin XI Ducas.
1067 — Eudocie avec Michel VII Parapinace, Andronic et Constantin XI bis.
1068 — Romain IV et Eudocie.
1071 — Michel VII, 2e fois et seul
1078 — Nicéphore III Botoniate, Nicéphore IV Bryenne, compétiteur.

1081 — Alexis Ier.

1118 — Jean II (Jean Ier Comnène).
1143 — Manuel Ier.
1180 — Alexis II.
1183 — Andronic Ier (Andronic Comnène).

1185 — Isaac II, 1re fois.
1195 — Alexis III.
1203 — Isaac II, 2e fois, avec Alexis IV, son fils.
1204 — Alexis V Murzuphle.

LES GRECS A NICÉE.

1204 — Théodore Lascaris Ier.
1222 — Jean Ducas Vatace.
1255 — Théodore Lascaris II.
1259 — Jean Lascaris.
1260 — Michel Paléologue.

LES LATINS A CONSTANTINOPLE.

1204 — Baudouin Ier de Flandre.
1206 — Henri de Flandre.
1216 — Pierre de Courtenay.
1219 — Robert de Courtenay.
1228 — Baudouin II.
1231 — Jean de Brienne, tuteur, puis empereur. — Anarchie.

1261 — Michel VIII Paléologue, ou Michel Andronic.
1282 — Andronic II.
1328 — Andronic III le Jeune.
1341 — Jean V Paléologue.
1347 — Jean VI Cantacuzène.
1355 — Matthieu Cantacuzène.
1391 — Manuel II Paléologue.

1399 — Jean VII Paléologue.
1425 — Jean VIII Paléologue.
1448 — Constantin XII Paléologue Dracosès.
1453 Les Turcs s'emparent de Constantinople.

§ III.

Empereurs romains d'Occident.

395 — Honorius.
424 — Valentinien III.
455 — Pétronne-Maxime.
455 — Avitus.
457 — Majorien.
461 — Libius Sévère.

467 — Anthémius.
472 — Olybrius.
473 — Glycérius.
474 — Julius Népos.
475 — Romulus-Augustule.
476 Odoacre, roi d'Italie.

§ IV.

Rois de Jérusalem.

1099 — Godefroy de Bouillon.
1100 — Baudouin Ier.
1118 — Baudouin II.

1131 — Foulques V, époux de Mélisente, fille du précédent.

1142 — Baudouin III.
1162 — Amauri.
1174 — Baudoin IV.
1185 — Sibylle, puis son fils Baudouin V.
1186 — Guy de Lusignan.
1192 — Henri II de Champagne, époux d'Isabeau, sœur de Sibylle.
1197 — Amauri de Lusignan.
1209 — Jean de Brienne, époux de Marie, fille d'Isabeau.
1229 — Frédéric II, empereur d'Allemagne, époux d'Iolande, fille du précédent.

§ V.

Empereurs d'Allemagne.

CARLOVINGIENS.

800 — Charlemagne.
814 — Louis le Débonnaire.
840 — Lothaire Ier.
855 — Louis II, roi de Germanie.
876 — Charles le Chauve.
876 — Carloman, roi de Bavière.
876 — Louis III le Saxon, roi de Germanie.
881 — Charles le Gros, roi d'Alémanie ou Allemagne, empereur et roi de Germanie.
896 — Arnault, bâtard de Carloman, roi d'Allemagne.
899 — Louis IV l'Enfant, roi d'Allemagne.
912 — Conrad Ier, de Franconie, roi.

MAISON DE SAXE.

919 — Henri Ier l'Oiseleur, roi.
962 — Othon Ier le Grand, roi.
973 — Othon II, empereur.
896 — Othon III, emp.
1002 — Henri II le Saint, emp.

MAISON DE FRANCONIE.

1024 — Conrad II le Salique, emp.
1039 — Henri III, emp.
1056 — Henri IV, emp.
1077 — Rodolphe de Reinfelden, anti-emp.
1081 — Herman de Luxembourg, anti-emp.

1087 — Conrad, roi de Germanie
1106 — Henri V, roi de Germanie.
1133 — Lothaire II, de Supplinbourg, emp.

MAISON DE SOUABE OU DE HOHENSTAUFEN.

1138 — Conrad III, empereur.
1152 — Frédéric Ier Barberousse, emp.
1190 — Henri VI, emp.
1198 — Philippe, emp.
1208 — Othon de Brunswick, emp.
1220 — Frédéric II, emp.
— Henri le Ruspon de Thuringe, anti-emp.
1250 — Conrad IV, emp.

GRAND INTERRÈGNE.

1257 — Guillaume de Hollande.
1257 — Richard de Cornouailles
1257 — Alphonse de Castille.

MAISON DE HABSBOURG OU D'AUTRICHE.

1273 — Rodolphe Ier, empereur.
1292 — Adolphe de Nassau.
1298 — Albert Ier d'Autriche.

MAISONS DE LUXEMBOURG ET DE BAVIÈRE.

1308 — Henri VII de Luxembourg.
1314 — Louis V de Bavière.
1314 — Frédéric III le Bel, anti-empereur.

1347 — Charles IV de Luxembourg.
1378 — Wenceslas de Luxembourg.
1400 — Robert de Bavière.
1410 — Josse de Moravie.
1411 — Sigismond de Luxembourg.

MAISON D'AUTRICHE.

1438 — Albert II.
1440 — Frédéric III.
1493 — Maximilien Ier.
1519 — Charles V dit Quint.
1556 — Ferdinand Ier.
1564 — Maximilien II, empereur
1576 — Rodolphe II.

1612 — Mathias.
1619 — Ferdinand II.
1637 — Ferdinand III.
1658 — Léopold Ier.
1705 — Joseph Ier.
1711 — Charles VI.
1742 — Charles VII.

MAISON D'AUTRICHE LORRAINE.

1745 — François Ier, époux de Marie-Thérèse.
1765 — Joseph II.
1790 — Léopold II.
1792 — François II; il abdique le titre d'empereur d'Allemagne en 1806.

§ VI.

Czars de Russie.

1533 — Ivan IV le Terrible, de la dynastie de Rurich, prend le titre de czar.
1581 — Fédor Ier.

TRANSITION AUX ROMANOW.

1598 — Boris Godunow.
1605 — Fédor II.
1605 — Le faux Dmitri (Grégoire Otrepiev).
1606 — Vasili V, Chouiski.
1610 — Vladislav, vasa, de Pologne.

DYNASTIE DES ROMANOW.

1613 — Michel III.
1645 — Alexis Ier.
1676 — Fédor III.

1682 — Ivan V et Pierre Ier. Sophie, corégente.
1689 — Pierre Ier le Grand (seul).
1725 — Catherine Ire, veuve de Pierre.
1727 — Pierre II, petit-fils de Pierre.
1730 — Anne Ivanowna.
1740 — Ivan VI.
1741 — Elisabeth Petrowna.

DYNASTIE DE HOLSTEIN-GOTTORP.

1762 — Pierre III, neveu d'Elisabeth.
1762 — Catherine II, sa veuve.
1796 — Paul Ier, leur fils.
1801 — Alexandre III ou Ier.
1825 — Nicolas Ier.

§ VII.

Rois d'Espagne depuis la réunion des divers États.

1479 — Ferdinand V d'Aragon et Isabelle de Castille.
1516 — Charles Ier (Charles-Quint).
1556 — Philippe II.

1598 — Philippe III.
1621 — Philippe IV.
1665 — Charles II.
1700 — Philippe V de la maison de Bourbon.

1724 — Louis Ier.	1788 — Charles IV.
1725 — Philippe V, de nouveau.	1808 — Joseph Napoléon.
1746 — Ferdinand VI.	1813 — Ferdinand VII.
1759 — Charles III.	1833 — Isabelle II.

§ VIII.

Rois d'Angleterre.

RACE SAXONNE.

827 — Egbert.
836 — Ethelwolf.
858 — Ethelbald.
860 — Ethelbert.
866 — Ethelred Ier.
871 — Alfred le Grand.
900 — Edouard Ier l'Ancien.
925 — Athelstan.
941 — Edmond Ier.
946 — Edred.
955 — Edwy.
957 — Edgard le Pacifique.
975 — Saint Edouard le martyr.
978 — Ethelred II.

SAXONS ET DANOIS.

1013 — Suénon, Danois.
1014 — Ethelred, rétabli.
1016 — Edmond II.
1017 — Canut ou Knut le Grand
1036 — Harold Ier.
1039 — Harde-Knut.
1041 — Edouard le Confesseur.
1066 — Harold II.

RACE NORMANDE.

1066 — Guillaume le Conquérant
1087 — Guillaume II le Roux.
1100 — Henri Ier Beauclerc.
1135 — Etienne de Blois.

MAISON D'ANJOU (PLANTAGENETS).

1154 — Henri II.
1189 — Richard Cœur de Lion.
1199 — Jean sans Terre.
1216 — Henri III.
1272 — Edouard Ier.
1307 — Edouard II.

1327 — Edouard III.
1377 — Richard II.

MAISON DE LANCASTRE.

1399 — Henri IV.
1413 — Henri V.
1422 — Henri VI.

MAISON D'YORK.

1461 — Edouard IV.
1483 — Edouard V.
1483 — Richard III.

MAISON DE TUDOR.

1485 — Henri VII.
1509 — Henri VIII.
1547 — Edouard VI.
1553 — Jeanne Gray.
1553 — Marie.
1558 — Elisabeth.

MAISON DES STUARTS ET D'ORANGE.

1603 — Jacques Ier.
1625 — Charles Ier.
1649 — Interrègne.
1652 — O. Cromwell, protecteur
1658 — R. Cromwell, protecteur

RESTAURATION DES STUARTS.

1660 — Charles II.
1685 — Jacques II.
1689 — Guillaume III d'Orange
et Marie.
1702 — Anne.

MAISON DE HANOVRE.

1714 — Georges Ier.
1727 — Georges II.
1760 — Georges III.
1820 — Georges IV.
1830 — Guillaume IV.
1837 — Victoria.

DIXIÈME PARTIE.

Histoire de France.

§ I.

Les rois de France.

PREMIÈRE DYNASTIE.

LES MÉROVINGIENS.

(Durée 332 ans, 420-752. — 22 rois.)

	Avénement.		Rois.	Naissance.	Durée du règne.
	420.	1.	Pharamond,		8
Vᵉ siècle.	428.	2.	Clodion (le Chevelu),		20
	448.	3.	Mérovée,		10
	458.	4.	Childéric Iᵉʳ,	437	23
	481.	5.	Clovis Iᵉʳ,	466	30
	511.	6.	Childebert Iᵉʳ,	498	47
VIᵉ siècle.	558.	7.	Clotaire Iᵉʳ,	497	3
	561.	8.	Cherebert, ou Caribert,	519	6
	567.	9.	Chilpéric Iᵉʳ,	537	17
	584.	10.	Clotaire II,	583	44
	628.	11.	Dagobert Iᵉʳ,	612	10
	638.	12.	Clovis II,	633	18
	656.	13.	Clotaire III,	651	11
VIIᵉ siècle.	670.	14.	Childéric II,	652	3
	673.	15.	Thierry Iᵉʳ,	654	18
	691.	16.	Clovis III,	680	4
	695.	17.	Childebert II,	688	16
	711.	18.	Dagobert II,	699	4½
	715.	19.	Clotaire IV,		17ᵃ
VIIIᵉ siècle.	717.	20.	Chilpéric II,	671	3
	720.	21.	Thierry II,	712	17
	742.	22.	Childéric III,	733	10

DEUXIÈME DYNASTIE.

LES CARLOVINGIENS.

(Durée 235 ans, 752-987. — 13 rois dont 5 empereurs
d'Allemagne.)

VIIIe siècle.	752.	23.	Pépin le Bref,	715	17
	768.	24.	Charlemagne,	740	46
IXe siècle.	814.	25.	Louis Ier le Débonnaire,	778	26
	840.	26.	Charles Ier le Chauve,	823	37
	877.	27.	Louis II le Bègue,	846	2
	879.	28.	Louis III et Carloman,		5
	884.	29.	Charles II le Gros,		4
	888.	30.	Eudes,	858	10
	898.	31.	Charles III le Simple,	875	25
Xe siècle.	923.	32.	Raoul,	893	13
	936.	33.	Louis IV d'outre-mer,	920	18
	954.	34.	Lothaire,	941	32
	986.	35.	Louis V le Fainéant,	967	1

TROISIÈME DYNASTIE.

LES CAPÉTIENS.

(36 rois. — 3 branches : 1° Capétiens; — 2° Valois; —
3° Bourbons.)

—

PREMIÈRE BRANCHE.

Capétiens (proprement dits).

Xe siècle.	987.	36.	Hugues Capet,	942	9
	996.	37.	Robert le Pieux,	971	35
XIe siècle.	1031.	38.	Henri Ier,	1004	29
	1060.	39.	Philippe Ier,	1051	48
XIIe siècle.	1108.	40.	Louis VI le Gros,	1081	29
	1137.	41.	Louis VII le Jeune,	1120	44
	1180.	42.	Philippe II Auguste,	1165	43
XIIIe siècle.	1223.	43.	Louis VIII le Lion,	1187	3
	1226.	44.	Louis IX (saint Louis),	1215	44
	1270.	45.	Philippe III le Hardi,	1245	15
	1285.	46.	Philippe IV le Bel,	1268	29

XIV siècle.	1314.	47.	Louis X le Hutin,	1291	2
	1316.	48.	Jean Ier, posthume. / Philippe V le Long,	1293	6
	1322.	49.	Charles IV le Bel,	1295	6

DEUXIÈME BRANCHE.

Valois.

XIV siècle.	1328.	50.	Philippe VI de Valois,	1293	22
	1350.	51.	Jean II le Bon,	1310	14
	1364.	52.	Charles V le Sage,	1336	16
	1380.	53.	Charles VI le Bien-Aimé,	1368	42
XV siècle.	1422.	54.	Charles VII le Victorieux,	1403	39
	1461.	55.	Louis XI,	1425	22
	1483.	56.	Charles VIII l'Affable,	1470	15

Valois-Orléans.

XV siècle.	1498.	57.	Louis XII le Père du peuple.	1462	17

Valois-Orléans-Angoulême.

XVI siècle.	1515.	58.	François Ier le Père des Lettres,	1494	32
	1547.	59.	Henri II,	1518	12
	1559.	60.	François II,	1543	17 m
	1560.	61.	Charles IX,	1550	14
	1574.	62.	Henri III,	1551	15

TROISIÈME BRANCHE.

Bourbons.

XVI siècle.	1589.	63.	Henri IV le Grand,	1553	21
XVII siècle.	1610.	64.	Louis XIII le Juste,	1601	33
	1643.	65.	Louis XIV le Grand,	1638	72
XVIII siècle.	1715.	66.	Louis XV le Bien-Aimé,	1710	59
	1764.	67.	Louis XVI,	1754	19
	1792.	68.	Louis XVII,	1785	
		—	République,		12
XIX siècle.	1804.	—	Napoléon Ier le Grand, empereur,	1769	10
		—	Napoléon II,		
	1814.	69.	Louis XVIII,	1755	10
	1824.	70.	Charles X,	1757	6

Bourbons-Orléans.

XIX siècle.	1830.	71.	Louis-Philippe Ier,	1773	18
	1848.	—	République,		4
	1852.	—	Napoléon III, empereur.		

§ II.

Les reines de France les plus célèbres.

493. *Sainte Clotilde*, fille de Chilpéric, roi des Bourguignons, et nièce de Goudebaud, élevée dans la religion catholique, épouse Clovis Ier. + 543.

568. *Brunehaut*, fille d'Athanagilde, roi des Visigoths en Espagne, épouse Sigebert Ier, roi d'Austrasie. + 613.

Frédégonde, de naissance obscure, épouse Chilpéric Ier, roi de Soissons. + 597.

Sainte Bathilde, d'abord esclave, d'origine anglaise, épouse Clovis II, roi de Neustrie et de Bourgogne. + 680.

1007. *Constance*, fille de Guillaume Ier, comte de Provence, épouse Robert. + 1032.

1044. *Anne de Russie*, fille de Jarollas, roi de Russie, épouse Henri Ier, mère de Philippe Ier.

1137. *Eléonore*, duchesse de Guyenne, épouse Louis VII. Répudiée, elle épouse en 1152 le duc de Normandie, qui fut Henri II, roi d'Angleterre, mère de Richard Cœur de Lion et de Jean sans Terre. + 1204.

1200. *Blanche de Castille*, fille d'Alphonse IX, roi de Castille, épouse Louis, depuis roi de France, mère de saint Louis. + 1252.

1234. *Marguerite de Provence*, fille de Raimond II, épouse saint Louis, mère de Philippe le Hardi. + 1295.

1305. *Marguerite de Bourgogne*, fille de Robert de Bourgogne et d'Agnès de France, fille de saint Louis, épouse Louis de Navarre, depuis Louis X le Hutin. + 1364.

1385. *Isabeau de Bavière*, fille d'Etienne le Jeune, de Bavière, épouse Charles VI, mère de Charles VII. + 1435.

1422. *Marie d'Anjou*, fille de Louis d'Anjou, roi de Naples, épouse Charles, comte de Ponthieu, depuis Charles VII, mère de Louis XI. + 1463.

1483. *Anne de Bretagne*, fille de François II de Bretagne, épouse Charles VIII, en 1499, Louis XII. + 1513.

1514. *Claude de France*, fille de Louis XII, épouse le duc d'Angoulème, depuis François Ier, mère de Henri II. + 1524.

1533. *Catherine de Médicis*, fille de Laurent de Médicis, épouse Henri, duc d'Orléans, depuis Henri II, mère de François II, Charles IX et de Henri III. + 1589.

1558. *Marie Stuart*, fille de Jacques V d'Ecosse, épouse le Dauphin, depuis François II. + 1587.

1600. *Marie de Médicis*, fille de François de Médicis, épouse Henri IV, mère de Louis XIII. + 1642.

1615. *Anne d'Autriche*, fille de Philippe III, roi d'Espagne, épouse Louis XIII, mère de Louis XIV. + 1666.

6.

1660. *Marie-Thérèse d'Autriche*, fille de Philippe IV, roi d'Espagne, épouse Louis XIV. ✝ 1683.

1725. *Marie Leczinska*, fille de Stanislas de Pologne, épouse Louis XV. ✝ 1768.

1770. *Marie-Antoinette d'Autriche*, fille de l'empereur François Ier et de Marie-Thérèse, reine de Hongrie, épouse Louis XVI. ✝ 1793.

§ III.

Principales batailles de l'histoire de France.

486. De Soissons.	Gagnée par *Clovis Ier* sur *Syagrius*, qui commandait pour les Romains. — Destruction du nom romain dans les Gaules.
496. De Tolbiac, près Cologne.	Gagnée par *Clovis Ier* sur les Allemands. — Soumission de tout le pays germanique entre le Rhin, le Mein et le Danube.
507. De Vouillé, près de Poitiers.	Gagnée par Clovis Ier, qui défait et tue de sa propre main Alaric, roi des Wisigoths. — Les trois Aquitaines réunies au royaume.
732. Entre Tours et Poitiers.	Gagnée par Charles Martel sur Abdérame, chef des Sarrasins. — L'Europe sauvée du joug mahométan.
841. De Fontenoy, dans l'Auxerrois.	Entre les enfants de Louis le Débonnaire. — Gagnée par Charles le Chauve et Louis le Germanique sur Lothaire. — Perte de l'élite de la noblesse française, italienne et allemande.
889. De Montfaucon, en Argonne.	Gagnée par Eudes, roi de France, sur les Normands. — Les Normands repoussés au fond de la Neustrie.
1214. De Bouvines (Flandre).	Gagnée par Philippe Auguste sur Othon de Brunswick, allié de Jean sans Terre, roi d'Angleterre, et de Ferrant, comte de Flandre. — Salut de la monarchie française.
1242. De Taillebourg, sur la Charente.	Gagnée par saint Louis sur les Anglais. — Henri III, roi d'Angleterre, ne conserve que la Gascogne.
1249. De Mansoura, près de Damiette.	Gagnée par les Sarrasins. — Saint Louis est fait prisonnier.

1302. De Courtrai (journée des éperons). { Gagnée par les Flamands, commandés par Pierre Kœnig et Pierre Buyel, sur le comte d'Artois, qui y est tué.

1340. De l'Ecluse, navale (Flandre). { Gagnée par Edouard III d'Angleterre sur la flotte française. — Edouard ne peut pénétrer en France de ce côté.

1346. De Crécy (Picardie). { Gagnée par Edouard III, roi d'Angleterre, sur Philippe de Valois. — Le duc d'Alençon y est tué.

1356. De Poitiers (Maupertuis). { Gagnée par le prince Noir (prince de Galles, fils ainé d'Edouard III), sur Jean II le Bon, qui est fait prisonnier.

1364. De Cocherel, entre Evreux et Vernon. { Gagnée par du Guesclin sur les Anglais et Charles le Mauvais, roi de Navarre, — dont le parti est ruiné.

1365. D'Auray (Bretagne). { Gagnée par Jean V de Montfort, duc de Bretagne, sur du Guesclin, qui est fait prisonnier, et sur Charles de Blois, qui y périt.

1367. De Navarette (Espagne). { Gagnée par le prince Noir sur du Guesclin, qui est fait prisonnier. — Pierre le Cruel, roi de Castille, remonte sur son trône.

1382. De Rosebecq (Flandre). { Gagnée par le connétable de Clisson sur l'armée flamande commandée par Philippe Artevelle, qui y périt.

1415. D'Azincourt (Picardie). { Gagnée par Henri V, roi d'Angleterre, sur le connétable d'Albret, qui y périt avec six princes du sang. — Sanglante répétition de la bataille de Crécy.

1421. De Baugé (Anjou). { Gagnée par le maréchal de la Fayette sur le comte de Clarence qui y périt.

1429. De Patay (Beauce). { Gagnée par le connétable de Richemond sur Talbot, général anglais, qui est fait prisonnier.

1450. De Formigny (Normandie). { Gagnée par Richemond, qui défait totalement les Anglais. — Le sort de la Normandie décidé.

1453. De Castillon (Guyenne) { Gagnée par Dunois sur Talbot, qui y est tué. — La Guyenne réunie pour toujours à la France.

1465. De Montlhéry (Ile-de-France). { Entre Louis XI et les seigneurs confédérés. — Rien de décisif.

1488. Saint-Aubin-du-Cormier (Bretagne). — Gagnée par la Trémouille, général pour la régente Anne de Beaujeu, sur le duc d'Orléans, révolté, qui est fait prisonnier.

1495. De Fernoue (Parme). — Gagnée par Charles VIII sur les confédérés, cinq fois plus forts que lui.

1503. De Cérignoles (Italie). — Gagnée par Gonzalve de Cordoue, général de Ferdinand le Catholique, roi d'Espagne, sur le vice-roi de Naples Louis d'Armagnac, duc de Nemours. — Les Français expulsés de Naples.

1508. D'Agnadel (Italie). — Gagnée par Louis XII sur les Vénitiens, commandés par d'Alviane, qui est fait prisonnier.

1513. De Novarre. — Gagnée par les Suisses sur la Trémouille, général de Louis XII. — Les Français retournent en France.

1513. De Guinegate (journée des éperons) [Picardie]. — Gagnée par Henri VIII, roi d'Angleterre, sur les Français. — Bayard est fait prisonnier.

1515. De Marignan (Milanais). — Gagnée par François Ier sur les Suisses. — Le Milanais est ouvert à François Ier.

1525. De Pavie (Italie). — Gagnée par les Impériaux sur François Ier, qui est fait prisonnier. — La Trémouille et l'amiral Bonnivet y périssent.

1544. De Cérisoles (Milanais). — Gagnée par le duc d'Enghien (frère d'Antoine de Bourbon, qui fut père de Henri IV), sur le marquis de Guarec et les Espagnols. — La France sauvée.

1554. De Renti (Artois). — Gagnée par Henri II sur Charles-Quint, qui fuit honteusement.

1557. De Saint-Quentin (Picardie). — Gagnée par Philibert, duc de Savoie, sur le connétable de Montmorency, qui est fait prisonnier.

1562. De Dreux (Ile-de-France). — Gagnée par le duc de Guise sur les calvinistes. — Le maréchal de Saint-André y périt; Montmorency est pris par les protestants, et Condé par les catholiques.

1567. De Saint-Denis (Ile-de-France). — Gagnée par le vieux connétable Anne de Montmorency sur les calvinistes.

De Jarnac (Saintonge). — Gagnée par le duc d'Anjou (depuis Henri III) sur les calvinistes, commandés par Condé, qui, vaincu et prisonnier, est tué de sang-froid par le vicomte de Montesquiou.

1569.	De Montcontour (Poitou).	Gagnée par le duc d'Anjou sur Coligny.
1587.	De Coutras (Gascogne)	Gagnée par le roi de Navarre (Henri IV) sur le favori de Henri III, le duc de Joyeuse, qui y périt.
1589.	D'Arques (Normandie)	Gagnée par Henri IV sur le duc de Mayenne, nommé par les ligueurs lieutenant du royaume.
1590.	De Ivry (Normandie).	Gagnée par Henri IV sur le duc de Mayenne. — Le blocus de Paris en est la suite.
1595.	De Fontaine-Française (Bourgogne).	Gagnée par Henri IV, qui, avec 300 chevaux, fait fuir 18,000 hommes, commandés par Velasco et le duc de Mayenne.
1628.	Prise de la Rochelle (Gascogne).	Par le cardinal de Richelieu en personne. Cette victoire abat pour toujours la puissance des huguenots en France.
1638.	De Castelnaudary (Languedoc).	Gagnée par le maréchal de Schomberg sur Montmorency, qui commandait les troupes de Gaston, duc d'Orléans, révolté, et qui fut décapité.
1641.	De la Marfée (Champagne).	Gagnée par les rebelles, commandés par le comte de Soissons, qui y est tué, sur les troupes royales commandées par le maréchal de Châtillon.
1643.	De Rocroy (Picardie).	Gagnée à 22 ans par le duc d'Enghien, depuis le grand Condé, sur les Espagnols, commandés par le vieux comte de Fuentès.
1645.	De Nordlingue (Souabe).	Gagnée par le grand Condé, secondé par Turenne, sur les Impériaux, commandés par Mercy, qui y fut tué.
1648.	De Lens (Artois).	Gagnée par Condé et Turenne sur l'archiduc Léopold, commandant les Impériaux. — La paix de Westphalie en est la suite.
1658.	Des Dunes (Flandre).	Gagnée par Turenne sur le prince de Condé, révolté et ligué avec l'archiduc don Juan.
1674.	De Senef (Flandre).	Gagnée par le prince de Condé sur le prince d'Orange, depuis roi d'Angleterre.
1675.	De Turkeim (Alsace).	Gagnée par Turenne sur les trois généraux de l'Empire. — Turenne s'immortalise dans cette campagne d'Alsace.

1690. De Fleurus (Pays-Bas) { Gagnée par le maréchal de Luxembourg sur le prince de Waldeck, lieutenant du prince d'Orange.

1690. De Staffarde (Piémont) { Gagnée par Catinat sur le duc de Savoie.

1692. De la Hogue (Manche). { Perdue par Tourville contre l'amiral Russel. — Elle affermit la révolution d'Angleterre.

1692. De Steinkerque (Pays-Bas). { Gagnée par Luxembourg (surnommé le Tapissier de Notre-Dame) sur Guillaume d'Orange, qui l'avait surpris.

1693. De Nerwinde (Pays-Bas). { Gagnée par Luxembourg sur le prince d'Orange. — Les officiers français font des prodiges de valeur pour gagner la croix de l'ordre militaire de Saint-Louis, qui venait d'être institué.

1702. De Friedlingen (Souabe). { Gagnée par Villars, qui est salué maréchal par ses troupes, sur le prince de Bade.

1704. De Hochstett (Allemagne). { Gagnée par le prince Eugène et Marlborough sur les généraux Tallard et Marsin.

1706. De Ramillies (Brabant) { Perdue par Villeroy et l'électeur de Bavière contre Marlborough et le duc de Wurtemberg.

1709. De Malplaquet (Pays-Bas). { Perdue par Villars contre Eugène et Marlborough, qui ont 28,000 hommes de tués, tandis que les Français n'en perdent que 8,000.

1712. De Denain (Flandre). { Gagnée par Villars sur les Impériaux et les Hollandais, commandés par le prince Eugène. — Cette victoire sauve la France.

1743. De Dettingen (Bavière) { Perdue par le duc de Noailles contre les Anglais et les Autrichiens, commandés par Georges II.

1745. De Fontenoy (Pays-Bas). { Gagnée par le maréchal de Saxe sur les Anglais, les Hollandais et les Autrichiens, commandés par le duc de Cumberland et le duc de Waldeck.

1757. De Rosbach (Saxe). { Perdue par le prince de Soubise contre Frédéric II, roi de Prusse. — La colonne élevée en Prusse au sujet de cette victoire est renversée par Napoléon le Grand en 1807.

1760. De Klostercamp (Hanovre).	Gagnée par le marquis de Castries sur le prince de Brunswick. — Dévouement du chevalier d'Assas.
1792. De Valmy (Champagne).	Gagnée, contre l'attente de toute l'Europe, par Kellermann, sous les ordres de Dumouriez, sur les Prussiens, commandés par le duc de Brunswick.
1792. De Jemmapes (Belgique).	Gagnée par Dumouriez sur les Autrichiens. — La Belgique est ouverte.
1794. De Fleurus (Belgique)	Gagnée par Jourdan, commandant en chef de l'armée de la Moselle, sur les Impériaux, sous les ordres du prince de Cobourg.
1796. 1re campagne d'Italie.	Victoires du général Bonaparte à Montenotte, Millésimo, Mondovi, Lodi.
1797. 2e campagne d'Italie.	Victoires de Bonaparte à Rivoli, et sur le Tagliamento. — Traité de Campo-Formio.
1798. Campagne d'Égypte.	Victoire des Pyramides. — Siége de Saint-Jean d'Acre. — Bataille du Mont-Thabor. — Victoire d'Aboukir.
1799. De Zurich (Suisse).	Gagnée par Masséna sur les Austro-Russes, commandés par Korsacof, qui est tué.
1800. De Marengo (États Sardes).	Gagnée par Bonaparte, 1er consul, sur le général autrichien Mélas. — Soumission de l'Italie.
1805. D'Austerlitz (Moravie)	Gagnée par l'empereur Napoléon sur les armées de l'Autriche et de la Russie, commandées par les empereurs François et Alexandre, en personne. C'est la bataille des trois empereurs.
1806. D'Iéna (Saxe).	Gagnée par Napoléon sur les Prussiens. — Soumission de la Prusse.
1807. D'Eylau (Prusse).	Gagnée par Napoléon sur les Russes. — Les deux partis s'attribuent la victoire.
1807. De Friedland (Prusse).	Gagnée par Napoléon sur les Prussiens et les Russes. — Paix de Tilsitt.
1808. Campagne d'Espagne.	Medina, Baylen, Saragosse.
1809. D'Eckmühl (Bavière).	Gagnée par Napoléon sur les Autrichiens. — Bataille de prédilection de Napoléon.
1809. De Wagram (Autriche)	Gagnée par Napoléon sur l'archiduc Charles. — Mariage de Napoléon avec Marie-Louise.

1812. De la Moskowa (Rus- { Gagnée par Napoléon sur les Russes.
sie). { — Moscou est ouverte aux Français.

1813. Campagne de Saxe. { Lutzen. — Bautzen. — Wurtzen. —
Leipzig.

1814. Invasion de la France { Champaubert. — Montmirail. — Montereau. — Toulouse.

1815. Waterloo (Belgique).

§ IV.

Traités célèbres de l'histoire de France.

1360. De Brétigny (Orléa- { Rend la liberté au roi Jean, prison-
nais). { nier d'Edouard III, depuis 4 ans.

1420. De Troyes (Champa- { Isabelle de Bavière y détruisait la
gne). { loi Salique, déshéritait son fils le dau-
{ phin, et faisait passer la couronne au
{ roi d'Angleterre.

1435. D'Arras (Artois). { Philippe le Bon se détache des Anglais et sauve la France.

1526. De Madrid (Espagne). { Liberté de François Iᵉʳ.

1529. De Cambray. La paix { Parce qu'elle fut conclue par la
des Dames (Flan- { mère de François Iᵉʳ et la tante de
dre). { Charles-Quint.

1559. De Cateau-Cambrésis { Entre la France et l'Espagne; Ca-
(Flandre). { lais, Metz, Toul et Verdun nous res-
{ tèrent.

1598. De Vervins (Picardie). { Henri IV et Philippe II.

1648. De Munster ou de { Termine la guerre de 30 ans, et
Westphalie. { devient le code de la constitution ger-
{ manique.

1659. Des Pyrénées. { Entre Mazarin et Louis de Haro,
nous donne le Roussillon et l'Artois.

1668. De Nimègue (Hol- { Où Louis XIV dicte des conditions à
lande). { l'Europe, et garde la Franche-Comté.

1697. De Riswick (Hol- { Rend la paix à l'Europe en guerre
lande). { contre Louis XIV depuis 9 ans.

1713. D'Utrecht (Hollande). { Termine la guerre de la succession
{ d'Espagne, et devient une espèce de
{ code politique pour l'Europe.

1714. De Rastadt (Souabe). { Termine la guerre avec l'Autriche.

1735. De Vienne (Autriche). { Fixe la succession de la Pologne,
cause de grands changements en Ita-
lie, procure la Lorraine à la France.

1748.	D'Aix-la-Chapelle (Allemagne).	Fixe la succession d'Autriche, et l'assure à Marie-Thérèse.
1761.	*Pacte de famille.*	Entre les Bourbons de France et d'Espagne.
1783.	De Versailles.	Termine la guerre pour l'indépendance de l'Amérique.
1797.	De Campo-Formio (Etats Vénitiens).	Paix temporaire avec l'Autriche.
1801.	De Lunéville (Lorraine).	Suspend la guerre continentale causée par la révolution française.
1802.	D'Amiens (Picardie).	Suspend la guerre avec l'Angleterre.
1807.	De Tilsit (Prusse).	Termine une merveilleuse campagne, crée 2 rois.
1814.	De Paris.	Première invasion, nous prive de toutes nos conquêtes.

§ V.

Les sept croisades.

1095 — 1100 — *Première croisade.*

Pierre l'Hermite.
Urbain II.
Godefroy de Bouillon.

1147 — 1149 — *Deuxième croisade.*

Saint Bernard.
Louis le Jeune.
Conrad III.
Baudouin III.
Noureddin.

1189 — 1193 — *Troisième croisade.*

Urbain III.
Philippe Auguste.
Richard Cœur de Lion.
Frédéric Barberousse.
Saladin.
Guillaume de Tyr.

1202 — 1204 — *Quatrième croisade.*

Innocent III.
Foulques de Neuilly.
Baudouin, comte de Flandre.
Dandolo, doge de Venise.
Alexis Comnène.

Croisade des Albigeois.

1217 — 1221 — *Cinquième croisade.*

Jean de Brienne.
André II, roi de Hongrie.

1248 — 1254 — *Sixième croisade.*

Saint Louis.

1270 — — *Septième croisade.*

Saint Louis.
Charles d'Anjou.
Philippe le Hardi.

§ VI.

Les huit exemples de la loi Salique jusqu'à la révolution.

1° La fille de Louis **X**, le Hutin.
2° Les filles de Philippe le Long.
3° La fille de Charles le Bel.
4° Les filles de Louis **XI**.
5° Les filles de Louis **XII**.
6° La fille de Charles **IX**.
7° Les filles de Henri **II**.
8° La fille de Louis **XVI**.

Louis **XVI**, régnant en vertu de sept applications de la loi Salique, eût encore monté sur le trône sans cette loi, étant l'héritier direct et aîné de Hugues Capet.

§ VII.

Régences de l'histoire de France.

Dans la troisième race, il y a eu huit régences : trois régences d'homme ; cinq de femme.

1. — 1060. Régence de Baudouin, comte de Flandre, pendant la minorité de Philippe Ier, qui n'avait que huit ans à la mort de son père.

2. — 1226. Régence de Blanche de Castille, pendant la minorité de son fils, saint Louis, parvenu au trône à 11 ans.

3. — 1380. Louis, duc d'Anjou, frère de Charles **V**, à la mort de ce prince, est régent du royaume pour son neveu Charles **VI**, âgé de 12 ans.

4. — 1483. Anne de France, dame de Beaujeu, fille de Louis XI et sœur de Charles VIII, exerce, en 1483, non la régence proprement dite, mais la régence de fait; elle dirige la personne de son frère, qui avait treize ans accomplis, âge fixé pour la majorité royale par Charles V.

5. — 1560. Catherine de Médicis, veuve de Henri II, reçoit des États généraux de 1560 l'administration du royaume et la tutelle de son fils Charles IX, succédant à dix ans à son frère François II; mais les États ne lui donnèrent pas le titre même de régente, que lui contestait Antoine de Bourbon, roi de Navarre.

6. — 1610. Marie de Médicis, veuve de Henri IV, est nommée, par le parlement, régente du royaume pour son fils Louis XIII, âgé de 9 ans.

7. — 1643. Anne d'Autriche, veuve de Louis XIII, est nommée, par le parlement, régente du royaume pour son fils Louis XIV, âgé de cinq ans.

8. — 1715. Philippe II, duc d'Orléans, neveu de Louis XIV, reçoit du parlement, à la mort de ce prince, la régence absolue pendant la minorité de Louis XV, arrière-petit-fils de Louis XIV, âgé de 5 ans et demi seulement.

§ VIII.

Guerres étrangères fameuses. Histoire de France.

1º *Les croisades* durent près de 200 ans, et comprennent sept grandes expéditions.

2º *Guerre d'Angleterre*, dure plus de trois cents ans et ne finit qu'avec les Plantagenets.

3º *Guerre d'Italie*, pour les successions de Naples et de Milan, dure 50 ans.

4º *Guerre d'Autriche*, dure plus de 200 ans et ne finit qu'avec cette famille.

§ IX.

Troubles et guerres civiles.

Les *Albigeois*, sous Philippe Auguste.
Faction de la *jacquerie* sous Jean II.
Bourguignons, Armagnacs, Maillotins, sous Charles VI.
Faction de la *praguerie* sous Charles VII.
Guerre du *bien public*, sous Louis XI.
La *Ligue* et les *Seize*, sous Henri III.
Factions et complots sous Louis XIII.
La *Fronde*, sous Louis XIV.

§ X.

Rois de France captifs.

Huit rois de France ont été prisonniers :

1. — 833. Louis le Débonnaire est fait prisonnier par ses trois fils, Lothaire, Pépin, Louis le Germanique, au lieu dit *le Champ du mensonge*.

2. — 923. Charles le Simple combat ses sujets révoltés,
est vaincu et jeté en prison, à Péronne,
sous la garde d'Herbert, comte de Ver-
mandois.

3. — 1250. Saint Louis est forcé de se rendre aux Sarrasins.

4. — 1356. Jean, vaincu à Poitiers, est fait prisonnier.

5. — 1468. Louis XI est trois jours à Péronne au pouvoir de Charles le Téméraire.

6. — 1525. François Ier, à la bataille de Pavie, devient
le prisonnier de Charles-Quint.

7. — 1792. Louis XVI est enfermé au Temple.

8. — 1815. Napoléon demande l'hospitalité aux Anglais
qui le déportent à Sainte-Hélène.

§ XI.

Morts violentes des rois de France.

Huit rois de France sont morts de mort violente :

1. — 882. Louis III, emporté par un cheval fougueux,
est tué dans la chute.

2. — 884. Carloman, son frère, est tué par accident,
d'une flèche, à la chasse.

3. — 923. Robert meurt en combattant contre Charles
le Simple, à qui il disputait le trône.

4. — 1461. Charles VII, craignant que le dauphin, depuis Louis XI, ne le fasse empoisonner,
refuse toute nourriture et se laisse mourir
de faim.

5. — 1559. Henri II, blessé dans un tournoi par le
comte de Montgomery, meurt de sa bles-
sure.

6. — 1589. Henri III est assassiné par Jacques Clément.

7. — 1610. Henri IV est assassiné par Ravaillac.

8. — 1793. Louis XVI meurt sur l'échafaud, 21 janvier.

§ XII.

États généraux.

(Assemblée de la noblesse, du clergé et de la bourgeoisie.)

1302. — Première assemblée des Etats généraux dans l'église Notre-Dame de Paris, convoquée par Philippe IV le Bel, pour examiner les prétentions de Boniface VIII sur le gouvernement temporel de la France.

Les principaux qui suivirent furent :

1308. — Au sujet de l'abolition des Templiers.

1313. — Sous Philippe le Bel, au sujet des tailles.

1317 et 1328. — Pour le couronnement de Philippe V et de Philippe VI par application de la loi Salique.

1356. — Pendant la captivité du roi Jean (troubles excités par le prévôt Etienne Marcel).

1380. — Pour l'établissement de la régence pendant la minorité de Charles VI.

1420. — Pour ratifier le traité de Troyes.

1468. — A Tours. Ils s'opposèrent à ce que la Normandie fût démembrée pour le frère du roi.

1484. — A Tours, convoqués par Anne de Beaujeu, régente, ils déclarèrent la majorité de Charles VIII.

1506. — A Tours; mariage de Claude de France, fille de Louis XII, avec le duc d'Angoulême (François Ier).

1560. — A Orléans, sous Charles IX ; lois commerciales qui furent en vigueur jusqu'en 1789.

1576. — A Blois ; contre la Ligue naissante.

1588. — A Blois ; édit de l'Union ; le duc de Guise appelé au pouvoir suprême.

1593. — A Paris, par la Ligue, pour exclure Henri IV du trône et y appeler l'infante d'Espagne.

1614. — A Paris, à la majorité de Louis XIII.

1789. — A Versailles ; Assemblée nationale.

§ XIII.
Ordres de chevalerie.

1. L'Étoile. — Créé par le roi Jean. N'existe plus.

2. Saint-Michel. — Par Louis XI. Ordre de savants et artistes, primitivement militaire. — Aboli en 1830.

3. Saint-Esprit. — Par Henri III. De la cour et de la faveur. — Aboli en 1830.

4. Saint-Louis. — Par Louis XIV. Purement militaire. — Aboli en 1830.

5. Mérite militaire. — Par Louis XV. Pour les protestants.

6. Légion d'honneur. — Par Bonaparte, premier consul. Civil et militaire.

§ XIV.
Réunion des provinces et des fiefs au domaine royal.

1. FLANDRE.
- *Flandre flamande*, acquise par Louis XIV, en 1659, au traité des Pyrénées.
- *Dunkerque*, acheté par Louis XIV, en 1662, au roi d'Angleterre.
- *Flandre française*, acquise, en 1668, au traité d'Aix-la-Chapelle.
- *Cambrésis*, acquis, en 1678, au traité de Nimègue.
- *Hainaut français*, acquis, en 1659, au traité des Pyrénées.

2.	ARTOIS.	Acquis par Philippe Auguste et perdu ; par Louis XI et perdu ; réuni définitivement à la France, en 1659, au traité des Pyrénées.
	PICARDIE.	*Amiénois,* *Vermandois,* *Santerre,* { acquis par Philippe Auguste.
		Calais, conquis sur les Anglais par Henri II.
		Ponthieu, conquis sur les Anglais par Charles V.
		Les villes de la Somme, cédées à la Bourgogne par le traité d'Arras, en 1435, sont reprises par Louis XI, en 1477, à la mort de Charles le Téméraire.

3. NORMANDIE.
Conquise une première fois, sur les Anglais, par Philippe Auguste ; une seconde fois par Charles VII.
Le comté d'Alençon, apanagé par Philippe III à un prince de la maison de Valois ; réuni en 1515.
Le comté d'Evreux, apanagé sous Philippe le Bel ; réuni par Charles V.

4. ILE-DE-FRANCE.
Le Parisis, *Le Hurepoix,* *Le Gâtinais,* *Le Laonnais,* } domaine de Hugues Capet.
Le Valois, réuni par Philippe Auguste ; apanagé et réuni plusieurs fois.
Le comté de Clermont, réuni par Philippe Auguste ; apanagé et réuni plusieurs fois.
Le Vexin français, acquis par Philippe Ier.
Le Soissonnais, réuni, en 1734, sous Louis XV.

5. CHAMPAGNE.
Réunie par Louis X, par suite du mariage de Philippe le Bel avec l'héritière.
La principauté de Sedan, achetée en 1641.

6. LORRAINE.
Les trois évêchés, Metz, Toul et Verdun, conquis par Henri II ; cédés par le traité de Westphalie, en 1648.
Lorraine septentrionale, en partie (Sarrebourg, Sarrelouis, Phalsbourg, Longwy, etc.) acquise par Louis XIV, par divers traités.
Luxembourg franç., acquis par le traité des Pyrénées, en 1659.
La Lorraine et Bar, duchés réunis en 1766, par suite du traité de Vienne en 1735.

7. ALSACE.
moins Strasbourg, acquise en 1648, au traité de Westphalie.
Strasbourg, acquis, en 1697, au traité de Ryswick.

8. FRANCHE-COMTÉ.
Acquise par Louis XIV, en 1678, au traité de Nimègue, moins la principauté de Montbéliard, acquise pendant la révolution.

9. BOURGOGNE.
Réunie par Louis XI, en 1477, avec les comtés de Mâcon et d'Auxerre.

10. LYONNAIS.
Le Forez, confisqué sur le connétable de Bourbon, en 1522.
Le Beaujolais, appartenait encore à la maison d'Orléans en 1789.
Le Lyonnais, acquis par Philippe le Bel.

11. DAUPHINÉ.
Cédé à Philippe VI, par le dernier dauphin de Vienne.
La principauté d'Orange, acquise par Louis XIV au traité d'Utrecht, en 1713.

COMTAT VENAISSIN.	Cédé par le pape, en 1797, au traité de Tolentino.
12. PROVENCE.	Acquise par Louis XI, à la mort de Charles du Maine. *La vallée de Barcelonnette*, acquise par Louis XIV, en 1713, au traité d'Utrecht.
13. CORSE.	Achetée aux Génois, par Louis XV, en 1768.
14. LANGUEDOC.	La partie orientale, acquise par saint Louis au traité de Paris. La partie occidentale, ou comté de Toulouse, réunie par Philippe III.
15. ROUSSILLON.	Acquis par Louis XIV, en 1659, au traité des Pyrénées.
16. COMTÉ de FOIX	Réuni par Henri IV, à son avénement, en 1589.
17. GUYENNE.	*Le Bordelais, L'Agénois, Le Quercy,* conquis deux fois sur les Anglais, par Charles V et Charles VII. *Le Périgord, Le Rouergue,* domaine de Henri IV, réuni par lui à la couronne.
GASCOGNE.	Presque tout entière domaine de Henri IV, réunie par lui à la couronne. *La vicomté de Bayonne*, conquise sur les Anglais par Charles VII.
18. BÉARN et NAVARRE.	Réunis par Henri IV.
19. BRETAGNE.	Réunion préparée par les mariages de Charles VIII et de Louis XII avec Anne de Bretagne; accomplie par François Ier. *Belle-Isle*, acquise en 1718.
20. MAINE.	Conquis par Philippe Auguste sur les Plantagenets, apanagés depuis et réunis par Louis XI.
21. ANJOU et SAUMUROIS.	Conquis par Philippe Auguste sur les Plantagenets, apanagés depuis et réunis par Louis XI.
22. POITOU.	Conquis par Philippe Auguste et Louis VIII sur les Plantagenets; cédé aux Anglais à Bretigny; reconquis par Charles V.
23. AUNIS et SAINTONGE.	Conquis par Philippe Auguste et Louis VIII sur les Plantagenets; cédé aux Anglais à Bretigny; reconquis par Charles V.
24. ANGOUMOIS.	Réuni par Philippe le Bel; cédé aux Anglais à Bretigny; conquis par Charles V; apanagé; réuni par François Ier.
25. TOURAINE.	Conquise par Philippe Auguste sur les Plantagenets; apanagée depuis et réunie par Louis XI.
ORLÉANAIS.	*Le duché d'Orléans* appartenait à Hugues Capet; apanagé à Louis, frère de Charles V, réuni par Louis XII. *Le comté de Blois*, réuni par Louis XII. *Le comté de Vendôme*, réuni par Henri IV. *Le comté de Dunois*, réuni en 1707. *Le comté de Chartres*, réuni par Philippe le Bel, apanagé plusieurs fois.
27. NIVERNAIS.	Appartenait aux ducs de Nevers en 1789; réuni par la Constituante.

28. BERRY.
{ *Le comté de Bourges*, acquis par Philippe Ier.
Le comté d'Issoudun, acquis par Philippe Auguste.
Les comtés de { *Châteauroux*, } appartenaient aux { *Sancerre*, } Condé en 1789. }

29. BOURBONNAIS. { Confisqué par François Ier en 1522; puis apanagé aux Condé. }

50. AUVERGNE. { Réunie, en 1588, par Henri III. }

51. LIMOUSIN. { Réuni, par Henri IV, en 1589.
La vicomté de Turenne, réunie en 1738. }

52. MARCHE. { Conquise par Philippe le Bel ; apanagée aux Bourbons ; réunie, par François Ier, en 1551. }

§ XV.

Hommes illustres du siècle de Louis XIV.

DANS LA POLITIQUE ET LES ARMES.

Richelieu.	H. de Montmorency.	Vauban.
Olivarez.	Condé.	Montécuculli.
Mazarin.	Turenne.	Marlborough.
Card. de Retz.	Tourville.	Eugène.
Séguier.	Duguay-Trouin.	Villars.
Colbert.	Jean Bart.	Luxembourg.
Buckingham.	Duquesne.	Mazaniello.
J. de Witt.	Black.	Monk.
Walstein.	Ruyter.	
Weimar.	Louvois.	

DANS LES LETTRES, LES SCIENCES, LES ARTS, ETC...

Fontenelle.	Milton.	Guide.
Hobbes.	Boileau.	Murillo.
Descartes.	J.-B. Rousseau.	Poussin.
Bayle.	La Fontaine.	Le Brun.
Malebranche.	Corneille.	Vandyck.
Spinosa.	Racine.	Mansard.
Locke.	Molière.	Girardon.
Newton.	Mme de Sévigné.	Patru.
Leibnitz.	La Bruyère.	Tallon.
Pascal.	Massillon.	Halley.
Cassini.	Rollin.	Boerhaave.
Bossuet.	Muratori.	Torricelli.
Fénelon.	Dryden.	Elzévir.
Addison.	Rubens.	

ONZIÈME PARTIE.

Les principales origines.

---

§ Ier.

Avant Jésus-Christ.

17e Siècle.

1640.	Verre.	Pline attribue l'origine du verre à des marchands phéniciens ; c'est une erreur, puisque Job en avait parlé plusieurs siècles auparavant.

16e Siècle.

1580.	Lettres.	Cadmus, fils d'Agénor, roi de Phénicie, importe en Grèce les seize lettres phéniciennes, savoir : α, β, δ, ε, γ, ι, κ, λ, μ, ν, ο, π, ρ, σ, τ, υ.
	Pourpre.	Vers le même temps, les Tyriens trouvèrent la pourpre.
1550.	Obélisque.	Celui de Louxor, sur la place de la Concorde à Paris, fut exécuté sous les rois Ramesès II et Ramesès III. Il est d'un seul bloc et a 22 mètres et demi de haut.

14e Siècle.

1300.	Médecine.	Esculape la cultiva avec succès.

13e Siècle.

1280.	Lettres.	Palamède ajoute à l'alphabet grec les quatre doubles, ζ, θ, φ, χ.
	Echecs.	Inventé par le même.
	Jeu d'Oie.	Inventé par le même.

12e Siècle.

1173.	Comète.	Observation de la première comète, vers la constellation des Pléiades.

1152. *Monnaies.*
Les premières monnaies se pesaient chaque fois qu'on en faisait usage ; c'est au temps du grand-prêtre Hélie que l'Ecriture semble mentionner positivement des *pièces* d'un titre et d'une valeur conventionnelle uniforme.

1140. *Boussole.*
Tchéou-Koung, régent de l'empire chinois, et oncle de l'héritier, enseigne aux étrangers l'usage de la boussole.

11e *Siècle.*

1078. *Vers à soie.*
Tchao-Kong, ministre de Kang-Wang, empereur chinois, planta des mûriers et s'occupa beaucoup de l'éducation des vers à soie.

1040. *Cire.*
David est le premier qui parle de cire dans le psaume XXI.

Ivoire.
Le même prince parle aussi le premier de l'ivoire.

1000. *Peinture.*
Dans la description du temple de Salomon, il est surtout fait mention de peinture. C'est la plus ancienne citation historique que nous ayons de la peinture.

10e *Siècle.*

950. *Ecriture.*
Jusqu'ici les Grecs avaient écrit de droite à gauche, comme le font encore généralement les Orientaux ; mais un poëte athénien, Pronapide, qui fut, dit-on, le maître d'Homère, leur apprit à écrire de gauche à droite. Cette méthode eut beaucoup de mal à prendre.

916. *Lois maritimes.*
Ce recueil de lois maritimes, formé par les Rhodiens, fut adopté par la plupart des peuples de l'antiquité.

9e *Siècle.*

895. *Poids et mesures grecs.*
Mis en usage par Phédon, tyran d'Argos.

840. *Peinture grecque monochrome.*
La première date certaine que l'on ait sur la peinture monochrome en Grèce. L'invention en est due à Cléophante, peintre corinthien.

8e *Siècle.*

776. *Eclipse.*
La plus ancienne éclipse de soleil qui soit connue, eut lieu le 6 septembre, et c'est le fameux Confucius, philosophe chinois, qui la mentionne dans ses ouvrages.

745. *Etrennes.*
L'usage des étrennes remonte à Tatius qui régna concurremment avec Romulus.

730. *Peinture polychrome.*
Elle est due à un Lydien nommé Bularque.

715. *Calendrier.*
Numa Pompilius réforma le calendrier de Romulus, et adopta l'année lunaire, composée de 354 jours, et la divisa en 12 mois.

7ᵉ Siècle.

664. Combat naval. Le plus ancien combat naval dont il soit fait mention dans l'histoire, parait être celui que soutinrent les Corinthiens contre les habitants de Corcyre.

660. Labyrinthe. d'Egypte, composé de douze palais; l'une des sept merveilles du monde.

644. Peinture sur verre ou sur émail. Inventée par les Étrusques.

620. Encre. Il en est question dans Jérémie; Ezéchiel parle également d'écritoire.

610. Géométrie. La Géométrie commence à être cultivée en Grèce, où le philosophe Thalès s'en occupe spécialement.

600. Histoire en prose. Ce n'est que vers la fin du VIIᵉ siècle que l'on commença à mettre l'histoire en prose; ce fut un Grec, Cadmus de Milet qui eut le premier cette idée.

6ᵉ Siècle.

576. Argent-pecunia. Servius Tullius fit le premier imprimer sur les rondelles d'airain, qui servaient déjà du temps de Numa, l'image d'un bœuf ou d'un mouton, *pecus, pecunia.*

575. Gnomon. Anaximandre de Milet fait construire à Sparte un gnomon ou cadran solaire, le plus ancien qu'on ait vu en Grèce.

561. Bibliothèque. La première bibliothèque qui ait été ouverte au public est celle qui fut formée à Athènes par Pisistrate; elle s'appelait bibliothèque des Pisistratides.

546. Statue en bronze. La première statue en bronze fut coulée à Sparte par un fondeur nommé Cléarque de Rhégium.

540. Abaque. L'abaque ou table de multiplication due à Pythagore.

536. Tragédie. Créée par Thespis, né au bourg d'Icarie en Attique.

500. Marionnettes. Hérodote, Socrate, Xénophon, Platon et Aristote font mention de marionnettes.

5ᵉ Siècle.

440. Système du monde. Philolaüs de Crotone, en Italie, devina le vrai système du monde, la rotation de la terre sur elle-même, et sa révolution autour du soleil.

423. Sténographie. Xénophon s'en servait pour recueillir les leçons orales de Socrate.

4ᵉ Siècle.

381. Automates. La plus ancienne des automates citées par les historiens, est une petite colombe en bois qui volait toute seule; elle fut fabriquée par Archytas de Tarente.

564. *Histrions.*	Les premiers bateleurs qui furent admis à Rome venaient de l'Istrie, de là le nom d'Histrions.
552. *Banque.*	Une maison qui prêtait de l'argent à de très-faibles intérêts fut fondée à Rome ; le taux fut fixé à environ 4 p. 100.
550. *Girouette.*	L'architecte macédonien Andronicus fit bâtir à Athènes une tour surmontée de la plus ancienne girouette dont l'histoire fasse mention ; elle représentait un triton.
550. *Portraits en profil.*	Ils sont dus à Apelle qui imagina ce moyen pour cacher l'infirmité d'Antigone, roi de Syrie, qui avait le malheur d'être borgne.
320. *Anatomie.*	Le médecin Hérophile de Chalcédoine fut le créateur de cette science.
300. *Barbe.*	Les anciens Romains conservaient leur barbe intacte ; mais Ticinus Ménas ayant amené de Sicile des barbiers, qui s'établirent à Rome, presque toutes les barbes tombèrent sous leur rasoir impitoyable.

3e *Siècle.*

269. *Pièce d'argent.*	Les Romains font frapper la première pièce d'argent.
263. *Parchemin.*	Un Grec apprit à Eumène Ier, roi de Pergame, à préparer le vélin ou parchemin, sur lequel on pouvait écrire aussi bien que sur le papyrus.
250. *Clepsydre.*	Inventée par les Égyptiens.
210. *Papier de soie.*	Mung-Thian, ministre de l'empereur Tsin-Chi-Hoang-Ti, découvre le papier de soie, l'encre, et les pinceaux dont se servent les Chinois.
207. *Monnaies d'or.*	Les premières pièces d'or romaines ne datent que de cette année.

2e *Siècle.*

170. *Boulangers.*	Ce n'est que l'an 170 que des boulangers venant d'Asie Mineure établissent leur corporation dans Rome.
131. *Journaux.*	Les Romains avaient quelque chose de semblable sous le nom d'actes journaliers de la ville. On y inscrivait les édits des magistrats, les éphémérides politiques et judiciaires, les exécutions capitales, les naissances et les décès des personnages remarquables, le détail des jeux et des spectacles, etc...
120. *Jets d'eau.*	Dus à Héron d'Alexandrie.

1er *Siècle.*

70. *Cerisier.*	Le cerisier fut apporté en Europe par Lucullus qui l'avait tiré de Cérasonte, dans le Pont en Asie Mineure.
46. *Calendrier.*	Est encore réformé par Jules César. L'année comprendra 365 jours pleins, et tous les quatre ans on en ajoutera un, et l'année sera bissextile.

§ II.

Après Jésus-Christ.

1er *Siècle.*

58. *Dimanche.* { Quoique certainement observé dès le commencement par les apôtres c'est ici qu'il est mentionné pour la première fois d'une manière spéciale dans les actes des apôtres.

79. *Eruption.* { Première éruption historique du Vésuve; elle engloutit les villes d'Herculanum, de Pompéia et Stabies.

2e *Siècle.*

140. { *Parrain et marraine.* } Ce fut, à ce que l'on croit, le pape Hygin qui prescrivit d'en donner aux enfants à leur baptême.

3e *Siècle.*

274. *Soie.* { Soie venue de la Chine en Europe.

4e *Siècle.*

340. *Selle.* { La première que l'on ait vue à Rome.

354. { *Noël et Epiphanie.* } S'étaient toujours célébrées le 6 janvier; d'après l'avis de saint Cyrille de Jérusalem, le pape Jules Ier fixa Noël au 25 décembre.

354. *Algèbre.* { Science inventée par Diophante, mathématicien d'Alexandrie.

387. *Vacances.* { Les vacances d'automne étaient déjà établies, au rapport de saint Augustin, dès avant lui, à Milan, à Rome, etc...

5e *Siècle.*

400. *Cloches.* { Employées à convoquer les fidèles par saint Paulin de Bordeaux, évêque de Nole.

450. *Plumes.* { Les plumes à écrire commencent à remplacer les roseaux qui cependant ne disparaissent qu'au xe siècle.

460. *Fers à cheval.* { On prétend que le premier cheval ferré fut celui de Childéric Ier, roi de France.

6e *Siècle.*

540. *Rosière.* { Le couronnement de la rosière institué par saint Médard, évêque de Noyon, pour le village de Salency, sa patrie.

545. *Jeudi.* — Institution du jeudi comme jour de congé.

517. *Monnaies d'or en France.* — Les premières pièces d'or frappées par nos rois le furent par Théodebert, roi d'Austrasie.

591. *Chant grégorien.* — Le pape Saint Grégoire le Grand réduisit à 7 les 15 lettres par lesquelles on avait remplacé les caractères musicaux des Grecs, au nombre de 1620.

7e Siècle.

600. *Moulins à vent.* — Mis en usage par les Arabes ; ils ne paraissent en Europe qu'au XIe siècle.

629. *Foire.* — La plus ancienne de France paraît être celle de Saint-Denis établie par Dagobert Ier.

673. *Feu grégeois.* — Inventé par Callimaque, architecte d'Héliopolis, au service de Constantin III, empereur d'Orient.

8e Siècle.

700. *Bougies.* — Importées, dit-on, d'Orient en Europe par les Vénitiens.

743. *Ère chrétienne.* — Mise en usage pour la première fois, dans les actes publics des rois de France.

757. *Orgue.* — Le premier qu'on ait vu en France fut envoyé par Constantin Copronyme à Pépin le Bref, qui le fit placer dans l'église de Saint-Corneille à Compiègne ; dès l'an 660, le pape Vitalien en avait permis l'usage dans les églises.

788. *Mesures françaises.* — Toise, pied, pouce et ligne de roi, établis par Charlemagne et tirés, dit-on, de sa taille.

9e Siècle.

803. *Monnaies françaises.* — Charlemagne fit tailler 20 sous dans une livre pesant d'argent, et 12 deniers dans le sou ; si ces monnaies avaient été conservées intactes, elles vaudraient aujourd'hui environ : la livre, 78 fr. 20 cent. ; le sou 3,91, et le denier 0,32 c.

818. *Hôpital.* — Hôpital de Saint-Christophe à Paris ; c'est le plus ancien établissement de ce genre que l'on connaisse.

842. *Langue française.* — Le plus ancien monument que nous en ayons est le serment de Louis le Germanique, prononcé à Strasbourg et rapporté par Nithard.

886. *Jury.* — Institué en Angleterre par Alfred le Grand ; le nom et la chose ne sont venus en France qu'en 1791.

895. *Université.* — Celle d'Oxford fut créée par Alfred le Grand ; ce serait ainsi la plus ancienne.

10e Siècle.

936. *Noms des Papes.* — Octavien, qui se fit appeler Jean XII, est le premier qui ait changé de nom à son avénement.

990. *Trêve de Dieu.* — La première institution en paraît due à Guy, évêque du Puy.

991. *Chiffres arabes.* { Substitués, en Europe, aux chiffres romains, par Gerbert (Sylvestre II).

996. { *Horloge à balancier.* } Construite par Gerbert pour la ville de Magdebourg, est sans doute la première de ce genre qui soit connue.

11e *Siècle.*

1025. *Gamme.* { Solmisation nouvelle, clefs d'*ut* et de *fa*, etc., inventées par Guy, d'Arezzo, bénédictin de l'abbaye de Pompose, près de Ravenne. Il tira les six premières notes de l'hymne de saint Jean Baptiste :
Ut queant laxis — *Resonare* fibris
Mira gestorum — *Famuli* tuorum,
Solve polluti — *Labia* reatum,
Sancte Joannes.

1054. { *Election des papes.* } Les papes sont élus par les cardinaux ; jusque-là ils ne l'avaient été que par les curés des paroisses de Rome, lesquels s'appelaient cardinaux.

1052. *Vitraux peints.* { Les plus anciens dont il soit fait mention sont ceux de l'église de Saint-Bénigne, à Dijon.

1096. { *Boussole.* { On prétend que les Français s'en servirent pour se diriger dans la première croisade.

Armoiries. { On en fixe généralement l'origine à la première croisade ; il est cependant hors de doute qu'elles étaient connues, au moins dans certaines familles, longtemps auparavant.

12e *Siècle.*

1112. *Communes.* { On attribue leur affranchissement à Louis le Gros ; la plus ancienne de France paraît être Laon (1112), puis Amiens (1114).

1126. *Puits artésiens.* { Le plus ancien qui ait été creusé est celui de Lillers, à 5 kil. N.-O. de Béthune, en Artois (d'où le nom de ces puits).

1170. { *Papier de chiffons.* } Fabriqué à Bâle par des Grecs réfugiés.

1176. *Canaux.* { Celui de Ticinello, qui va de Tornavento à Milan, est le premier qui ait été creusé en Europe depuis les Romains.

13e *Siècle.*

1200. *Université.* { Constituée par Philippe Auguste, mais fondée dès 781, par Charlemagne.

1204. *Inquisition.* { Tribunal ecclésiastique créé par Innocent III, à l'occasion des Albigeois.

1214. *Arbalète.* { On dit que c'est à la bataille de Bouvines qu'on en fit le premier usage.

1220. { *Ecole de médecine.* } Fondée à Montpellier ; celle de Paris ne le fut qu'en 1472 ; la première de l'Europe avait été celle de Salerne, établie au xe siècle, par Robert Guiscard.

7.

1249.	Poudre à canon.	Importée de la Chine, mentionnée par les Arabes dès 1249. C'est donc à tort qu'on en attribue l'invention à Roger Bacon, en 1261, et à plus forte raison à Berthold Schwartz, en 1380.
1250.	Canons.	Les premiers furent employés en 1257, à la bataille de Niébla par les Arabes ; 1258 date que porte une couleuvrine trouvée dans un puits du château de Coucy.
	Théâtre.	ou art dramatique français : première pièce par Rutebeuf, de Paris, et Adam de la Halle d'Arras ; 1402, confrérie de la Passion autorisée par Charles VI ; 1470, première comédie (l'avocat Pathelin), par Pierre Blanchet ; 1563, première tragédie (Cléopâtre), par Jodelle.
1252.	Sorbonne.	Premier collége français ; établie à Paris par Robert de Sorbon, confesseur de saint Louis.
1253.	Quinze-Vingts.	Premier hospice pour les aveugles, fondé à Paris par saint Louis, pour 500 gentilshommes auxquels les Sarrasins avaient crevé les yeux.
1270.	Anoblissement.	Les premières lettres d'anoblissement sont données à Raoul, orfévre de Paris, par Philippe le Hardi.
1284.	Amiral.	Charge créée par Philippe le Hardi, et occupée d'abord par Enguerrand de Coucy.
1292.	Lunettes.	Inventées par Sarvino degli Armati, physicien de Florence dont le secret fut deviné et publié par Alexandre di Spina, dominicain de Pise.
1299.	Faïence.	L'art de fabriquer la faïence trouvé à Faënza en Italie, d'où le nom de cette poterie.

14e Siècle.

1300.	Tambours.	Ils servaient déjà dans les armées arabes ; ce ne fut qu'en 1347 qu'on en entendit en France, à l'entrée d'Édouard III à Calais.
1302.	Boussole.	Elle était connue depuis plus de deux siècles ; Guyot de Provins la mentionne ensuite, vers 1200, sous le nom de marinette ; mais ce n'est qu'en 1302 qu'elle fut perfectionnée par Flavio Givia.
1322.	Jeux floraux.	Institution littéraire établie à Toulouse par sept troubadours de cette ville.
1330.	Verrerie.	La première verrerie en France fut établie en Normandie par Philippe de Valois.
1330.	Notes de musique.	Rondes, blanches, noires, etc., substituées aux lettres par Jean de Meurs.
	Montres.	Il parait qu'une de ces horloges de poche, fabriquée en Allemagne, fut offerte à Charles V.
1330.	Mousquets.	Dus aux Tartares ou Mongols. 1414, Jean sans Peur, duc de Bourgogne, s'en servit à Arras ; 1567, ils sont introduits dans les armées françaises par Charles IX ; 1671, ils sont remplacés par les fusils à pierre.

15e *Siècle.*

1405.	*Carrosse.*	Le premier carrosse suspendu est celui d'Isabeau de Bavière, à son entrée à Paris.
1410.	*Gravure.*	En creux sur métaux, inventée par Jean della Carniole, de Florence.
1411.	*Peinture à l'huile.*	Inventée par Jean Van-Eyck, de Maaseick, près de Liége ; quelques-uns disent par Thomas de Mutterdorf, peintre bohème (1297).
1418.	*Gravure sur bois.*	La première estampe portant une date est de cette année.
1430.	*Liard.*	Quart du sou, mis en usage par Guignes Liard, seigneur de Crémieu, en Dauphiné.
	Cartes à jouer.	On en attribue l'origine au brave Lahire.
	Perruques.	Inventées par un bourgeois de Bruges; la première, portée par Philippe le Bon, duc de Bourgogne.
1440.	*Imprimerie.*	Inventée à Strasbourg, par Jean Guttemberg, de Mayence, aidé de Pierre Schœffer, et de Jean Furst. Le premier livre portant date est un psautier de 1457.
1445.	*Armée.*	Création d'une milice permanente en France.
1464.	*Postes.*	établies en France par Louis XI.
1470.	*Almanachs.*	Le premier publié par le Polonais Martin Ilkus.
1477.	*Violon.*	Originaire d'Afrique, introduit en Italie vers cette époque ; il était connu dès le temps des croisades.
1491.	*Mont-de-Piété.*	Le premier est établi à Padoue, par Bernardin, franciscain. Le 1er de Paris date de 1626.
1496.	*Gravure à l'eau-forte.*	Par Venceslas d'Olmütz.

16e *Siècle.*

1516.	*Arquebuse.*	Inventée par George Virgile, à Saint-Étienne.
1520.	*Tabac.*	Découvert dans le Yucatan par les Espagnols, 1560 ; importé en France par Jean Nicot, ambassadeur en Portugal.
1521.	*Rentes.*	Les rentes perpétuelles sur l'État établies par François Ier.
1534.	*Jésuites.*	Célèbre ordre religieux, institué à Paris par saint Ignace de Loyola.
1539.	*Loterie.*	La première est celle qui fut autorisée à Paris par François Ier, en faveur d'un sieur Jean Laurent.
1543.	*Système solaire.*	Le vrai système du monde par Copernic.
1545.	*Pistolets.*	Inventés par un armurier de Pistoie.
1559.	*Bas.*	La première paire de bas de soie faits au métier, fut portée par Henri II aux noces de sa sœur Marguerite avec Emmanuel Philibert.
1565.	*Pommes de terre*	Importées du Mexique en Angleterre par Hawkins.
1571.	*Messageries.*	Établies en France par Charles IX ; l'Université en avait déjà dès 1315.

1582.	Calendrier grégorien.	Calendrier romain réformé par Grégoire XIII.
1588.	Journaux.	Le plus ancien est le *Mercure anglais* publié à Londres sous Elisabeth.
1590.	Microscope.	Inventé par Zacharie Jansen, de Middelbourg.
1591.	Thé.	Importé de Chine par les Hollandais.

17ᵉ Siècle.

1600.	Compagnie des Indes.	Créée par Elisabeth, reine d'Angleterre.
1609.	Télescope.	Inventé par Métius d'Alkmaër; perfectionné par Galilée (1610).
1615.	Vapeur.	Sa force connue et son emploi indiqué par Salomon De Caus, de Dieppe.
1619.	Circulation du sang.	Démontrée par William Harvey, médecin de Jacques Ier et de Charles Ier, roi d'Angleterre.
1620.	Thermomètre.	Inventé par Cornelius van Drebbel, d'Alkmaër.
1631.	Gazette.	La première gazette politique de France, publiée par Théophraste Renaudot, médecin de Loudun.
1654.	Fiacres.	Déjà usités à Londres; 1662, ainsi nommés en France, par Sauvage, demeurant rue Saint-Martin, à l'enseigne de Saint-Fiacre.
	Méridien.	Le premier méridien fixé à l'Ile de Fer, par Louis XIII.
1635.	Académie française.	Fondée par Richelieu.
1645.	Baromètre.	Par Torricelli, physicien de Faënza.
1658.	Brouette.	Inventée par Pascal.
1680.	Parapluies.	Introduits en France; ils étaient connus des anciens et subsistaient déjà en Italie.
1690.	Machines à vapeur.	Inventées réellement par Denis Papin, physicien de Blois, réfugié à Habsbourg (Hesse); 1764, perfectionnées par James Watt, mécanicien de Greenock.
1699.	Pompes à incendie.	Par Vander Heyden, peintre de Gorcum; 1805, introduites en France.

18ᵉ Siècle.

1701.	Papier-monnaie	Usité en Chine dès 997, introduit en France dans la vieillesse de Louis XIV.
1712.	Inoculation.	Déjà pratiquée en Turquie; introduite en Angleterre, en 1713, par Timonus, médecin grec.
1718.	Piano forté.	Inventé par Cristofori, de Florence.
1725.	Stéréotypage.	Inventé par William Ged, orfèvre d'Edimbourg; 1735, employé à Paris, par Valleyre.
1747.	Enseignement mutuel.	Emprunté, dit-on, aux Indiens; introduit en Europe par deux Français, Herbault, instituteur, et Cherrier, prêtre.
	Paratonnerre.	Dû aux expériences de Franklin; 1752, premier paratonnerre placé à Marly par Dalibard.

1755.	*Télégraphe électrique.*	1er février, lettre datée de Reufro (Écosse), signée C. M., qui fait la description du télégraphe électrique tel qu'on l'a aujourd'hui, à part quelques petites modifications.
1760.	*Sourds-muets.*	L'éducation des sourds-muets, heureusement entreprise par l'abbé de l'Épée, de Versailles ; dès 1570, le P. Pierre do Ponce, bénédictin espagnol, s'en était occupé.
1767.	*Chemins de fer.*	Dus aux Anglais qui substituèrent alors des rails en fer aux rails en bois établis dès 1650, près de Newcastle ; 1823, premier chemin de fer en France, de Saint-Étienne à la Loire.
1778.	*Magnétisme animal.*	Découvert par le docteur Mesmer, de Mersebourg (Prusse).
1783.	*Aveugles.*	L'éducation des jeunes aveugles, instituée à Paris, par Valentin Haüy, frère du célèbre minéralogiste.
	Aérostats.	Exécutés par les frères Montgolfier, papetiers à Annonay ; dès 1720 ils avaient été entrevus et même tentés par Barthélemy de Gusmas, jésuite de Lisbonne : 1783, premier voyage en ballon par Pilastre des Rosiers.
1784.	*Quinquets.*	Lampe à huile, inventée par Ami Argand, et perfectionnée en 1785, par Quinquet, un de ses ouvriers.
1787.	*Nomenclature chimique.*	Créée par Guiton de Morveau, chimiste de Dijon.
1789.	*Guillotine.*	Connue depuis trois siècles en Italie, en Allemagne et ailleurs, proposée en France par Guillotin, médecin de Saintes ; employée pour la première fois à Paris, en place de Grève, le 25 avril 1792, sur Jacques Pelletier, condamné pour vol à main armée.
1790.	*Télégraphe.*	Dû à Chappe, de Brûlon (Sarthe).
1791.	*Système métrique.*	Conçu par l'assemblée nationale qui charge Delambre et Méchain de mesurer un arc du méridien.
1793.	*Calendrier républicain*	par Fabre d'Églantine. Il commençait le 22 septembre, et comprenait 12 mois plus 5 ou 6 jours complémentaires ; vendémiaire, brumaire, frimaire, pour l'automne ; nivôse, pluviôse, ventôse, pour l'hiver ; germinal, floréal, prairial, pour le printemps ; messidor, thermidor, fructidor, pour l'été.
1794.	*École polytechnique.*	Conçue par Lamblardie, mais attribuée à Monge.
1796.	*Vaccine.*	Attribuée à Édouard Jenner, médecin de Berkeley (Angleterre) ; 1784, la première idée en est due à Rabaus Pommier, ministre protestant, de Nîmes.
	Lithographie.	Premiers essais par Aloys Sennefelder, de Munich.
1798.	*Papier mécanique.*	par Louis Robert, mécanicien d'Essonne (Seine-et-Oise).

19e *Siècle.*

1807.	*Bateaux à vapeur.*	Le premier qui ait servi fut construit par Robert Fulton, mécanicien américain, et lancé sur l'Hudson ; le véritable inventeur est Cl. de Jouffroy, né à Albans (Doubs), qui lança un pyroscaphe sur le Doubs en 1776.
1810.	*Locomotives.*	Machines à vapeur substituées aux chevaux sur les chemins de fer par l'Anglais George Stephenson.
1828.	*Omnibus.*	Voitures publiques, proposées dès 1662, par l'illustre Pascal ; mais qui n'ont commencé à Paris que cette année.
1833.	*Télégraphe électrique.*	Mis en usage aux États-Unis par Samuel Morse, physicien de New-York : 1626, première idée exprimée dans un ouvrage du P. Leurchon, jésuite de Pont-à-Mousson. Voir la date 1733.
1839.	*Daguerréotype.*	Inventé par Daguerre, de Cormeille (Seine-et-Oise), peintre décorateur ; cependant la première idée en est due à Niepce qui s'en est occupé dès 1814.
1846.	*Éthérisation.*	Due à Thomas Jackson, chimiste de Boston, et à Morton, chirurgien-dentiste.
1847.	*Horloge électrique.*	Due à Paul Garnier, physicien ; mise en usage pour la première fois sur le chemin de fer du Nord.
1848.	*Photographie.*	Daguerréotypie perfectionnée, par Edmond Becquerel, physicien de Paris.

TABLE DES MATIÈRES.

PREMIÈRE PARTIE.

CALENDRIER.

DEUXIÈME PARTIE.

CALCUL.

TROISIÈME PARTIE

GÉOGRAPHIE.

QUATRIÉME PARTIE.

CHRONOLOGIE.

CINQUIÈME PARTIE.

HISTOIRE SAINTE.

SIXIÈME PARTIE.

MYTHOLOGIE.

SEPTIÈME PARTIE.

HISTOIRE ANCIENNE.

HUITIÈME PARTIE.

HISTOIRE ECCLÉSIASTIQUE.

NEUVIÈME PARTIE.

HISTOIRE MODERNE.

DIXIÈME PARTIE.

HISTOIRE DE FRANCE.

ONZIÈME PARTIE.

LES PRINCIPALES ORIGINES.

FIN.